객실업무 기본실습

— 비행 준비부터 이륙 전 업무 —

홍윤희 저

양성원

머리말

포스트 코로나 시대를 잘 적응하기 위해서는 대학의 교육 환경 변화는 필수적이다. 대학은 NCS 기반 교육을 보완하여 산업체에서 요구되는 역량 중심의 교육으로 변화하고 있다. 따라서 학습자 중심의 교과 내용 및 교수법 개발이 필요하다고 본다.

이러한 변화의 흐름에 맞추어 항공 객실 승무원 직무에서 요구되는 실무지식과 실습내용으로 교재를 개발하게 되었다.

항공 객실 서비스는 비행 준비부터 비행 중, 착륙 전, 착륙 후의 업무를 의미하며 항공사 객실 승무원은 각 시점에 따라 수행해야 하는 업무를 파악하고 적용할 수 있어야 한다.

본서는 항공사 객실 승무원의 업무의 시작인 비행 준비부터 이륙 전 업무까지의 실무 내용으로 구성하였다.

국내 항공사의 국제선 일반석 서비스를 기준으로 교과가 개발되었으며 국내 FSC 항공사의 업무 내용을 참고하여 개발하였다. 항공사마다 서비스 절차와 방법의 차이가 있는 것은 추가 설명을 덧붙였다.

교과의 내용은 4개의 파트로 구성되어 있으며, 첫 번째 파트는 객실승무직과 항공기에 대한 기초 지식, 두 번째 파트는 비행 업무를 수행하기 위해 반드시 알아야 하는 실무 지식, 세 번째 파트는 시점별 업무에 대한 내용이다.

또한 네 번째 파트는 파트 1, 2, 3을 실무에 적용하는 단계로, 개인별 실습과 팀 실습으로 계획하였으며 학습자가 주도적으로 문제를 해결하여 성공적인 실습을 마칠 수 있도록 구성하였다. 항공 객실 서비스를 처음 경험하는 학생들에게 어려운 항공 용어나 약어는 교과서 뒷부분에 부록으로 만들어 이해를 도왔다.

모쪼록 교과의 내용이 튼튼한 초석이 되어, 비행 중 업무부터 착륙 후 업무의 교육이 성공적으로 이루어지는 데 도움이 되길 바란다.

그 어느 때보다도 어려운 시기에 지치지 않고 공부하는 학생들에게 실질적인 도움이 되기를 희망한다.

마지막으로 교재가 출간되기까지 자료 제공 및 도움을 주신 분들께 깊은 감사를 드립니다.

2021년 8월

저자

차 례

PART IV 실습(Role Play)

PART I

비행 준비 업무

Chapter 01

객실 승무원의 이해

학습목표

1. 항공사 객실 승무원의 정의에 대해 설명할 수 있다.
2. 항공사 객실 승무원의 임무에 대해 설명할 수 있다.
3. 항공사 객실 승무원의 지휘체계와 직급별 임무에 대해 설명할 수 있다.

1. 객실 승무원의 정의

객실 승무원이란 항공기에 탑승하여 비상시 신속하고 안전하게 승객을 탈출시키는 등 승객의 안전을 위한 업무를 수행하는 사람을 말한다.

영문으로는 Flight Attendant 또는 Cabin Crew라 칭한다.

2. 객실 승무원의 임무와 자격

1) 객실 승무원의 임무

항공기에 탑승하여 비상 상황 시 신속하고 안전한 탈출을 진행하는 업무와 평상 시 기내 안전 업무를 수행하여 탑승객을 목적지까지 안전하게 운송함에 있다.

객실 업무 우선순위

- 비상 탈출 및 탈출 상황 대비 업무(Emergency Evacuation)
- 항공안전 및 보안 업무(In–flight Safety & Security)
- 승객 지원(Assist Passengers)
- 기내서비스(In–flight Service)

2) 객실 승무원의 자격

(1) 항공사는 객실 승무원이 임무와 책임을 수행하기 위한 체력, 책임, 지식, 장비 운영, 나이 등과 운항 승무원, 동료 승무원, 다른 구성원 및 승객들과의 효율적인 의사소통이 될 수 있도록 최소 자격을 정하여 고시할 수 있다.

(2) 국토교통부 장관은 국제민간항공기구의 규정에 따라 다음과 같이 권고한다.

① 최소연령은 18세 이상인 자

② 10년 이상의 학교 교육을 받은 자

③ 지정된 공용어의 읽기, 쓰기, 말하기 능력이 있고, 승무원 및 승객들과의 의사소통이 가능한 자

④ 안전 및 비상 장비를 찾아 사용할 수 있어야 하며 서 있는 상태로 객실 선반을 열고 닫을 수 있는 정도의 신장인 자

⑤ 해당 항공기의 정상 · 비정상 · 비상 상황 절차와 객실 승무원이 업무를 수행하는 항공기 기종에 따른 장비, 시스템을 교육받아 운영할 수 있는 자
⑥ 걸어서 항공기 객실통로를 통과할 수 있으며 가장 작은 객실 비상구를 신속하게 통과할 수 있는 자
⑦ 시력은 교정시력(0.5) 이상인 자
⑧ 전과가 없어야 하며, 신원 조회를 통과한 자
⑨ 기타 항공사에서 요구하는 수영 능력, 건강검진 기준에 적합하여야 하고, 안전 업무 수행에 적합한 신체조건을 유지한 자

출처: 국토교통부, 항공운항과.

3) 지휘 체계

항공기 운항에 대하여 최종적인 권한 및 모든 탑승자의 안전과 운항에 대한 책임은 기장(PIC: Pilot-In Command)에게 있다. 단, 기내 안전 및 서비스에 대한 책임은 객실 사무장에게 있다.

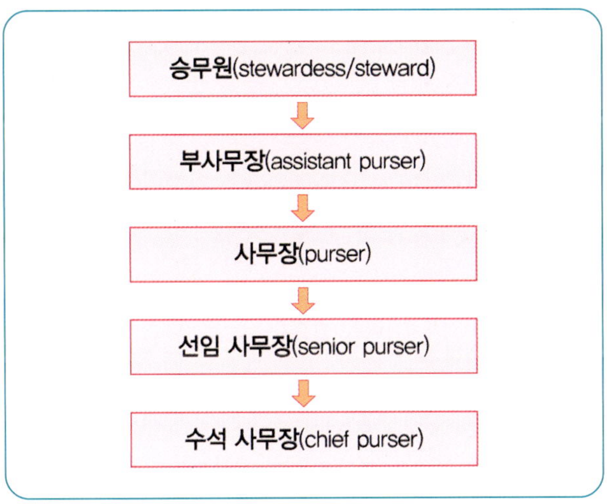

[객실 승무원 직급 체계]

3. 객실 승무원 직급별 임무

1) 객실 사무장

- 객실 브리핑을 주관한다.
- 해당 편 서비스의 방향 제시 및 필요한 정보를 전달한다.
- 해당 편 객실 승무원의 업무(duty)를 배정한다.
- 업무는 객실 승무원의 직책, 경력, 자격(Carrier Path) 등을 고려하여 배정한다.
- 비행 중 승객 통제를 포함한 객실 안전점검을 최종 확인한다.
- 항공기의 입·출항 관련 서류를 관리한다.
- 운항 승무원과 상호 소통(communication)을 하며 비행 안전에 관련된 정보를 공유한다.
- 해외 체제 시 객실 승무원 관리 및 해외 지사와의 연계 체제를 유지한다.
- 일부 항공사에서는 객실 사무장을 회사의 고유 명칭인 '캐빈매니저'로 칭한다.

2) 부사무장

사무장이 휴식 시간이거나 임무를 수행하지 못할 경우 부사무장은 사무장의 업무를 대행한다. 평상시 업무는 항공사마다 다소 차이가 있다.

- 객실 사무장의 업무를 보좌하고, 객실 사무장이 업무 수행이 불가능할 경우 업무를 대행한다.
- 객실 브리핑을 준비하고 입·출항 절차를 점검한다.
- 객실 승무원의 비행 준비 상태를 확인한다.
- Y/C 서비스를 총괄한다.
- 서비스용품의 탑재 확인 및 보고, 입국서류 배포 및 작성지원을 확인한다.

- 도착 전 면세품, 보세품 보관 및 봉인(sealing) 상태 확인 및 보고를 한다.
- 비행 종료 후 기내 유실물, 분실물의 확인 및 보고를 한다.

3) 객실 승무원

비행 중 할당된 구역(duty zone)에서 비행 안전 및 서비스 업무를 담당한다.

4) 현지 여승무원

해당 언어권 승객의 의사소통을 담당하며 할당된 업무를 수행한다.

Chapter 02 객실 구조와 시설

학습목표

1. 항공기 객실 구조의 ZONE의 개념을 이해할 수 있다.
2. 항공사 좌석 등급을 이해할 수 있다.
3. 객실 시설의 종류를 알고 각 기능을 이해하고 작동할 수 있다.

1. 객실 구조

항공기의 기내를 객실 또는 캐빈(Cabin)이라 하며 객실은 항공기 기종에 따라 몇 개의 구역(Zone)으로 나눈다. 일반적으로 Door와 비상구를 기준으로 구분하며 안전 업무 및 서비스 근무 구역의 기준이 되기도 한다.

또한 객실의 통로(Aisle)의 숫자에 따라 1개인 경우 Narrow Body, 2개인 경우 Wide Body라고 한다.

Zone의 개념

항공기의 진행 방향을 기준으로 항공기를 반으로 나누었을 때 왼쪽을 L SIDE, 오른쪽을 R SIDE라고 한다. 또한 EXIT DOOR를 기준으로 하여 항공기의 공간을 항공기 앞쪽에서부터 A, B, C, D, E 순서로 알파벳을 부여하게 되는데, 예를 들면 항공기 맨 앞쪽을 A ZONE, 그다음 EXIT DOOR에서 다음 EXIT DOOR까지 B ZONE 등으로 부른다.

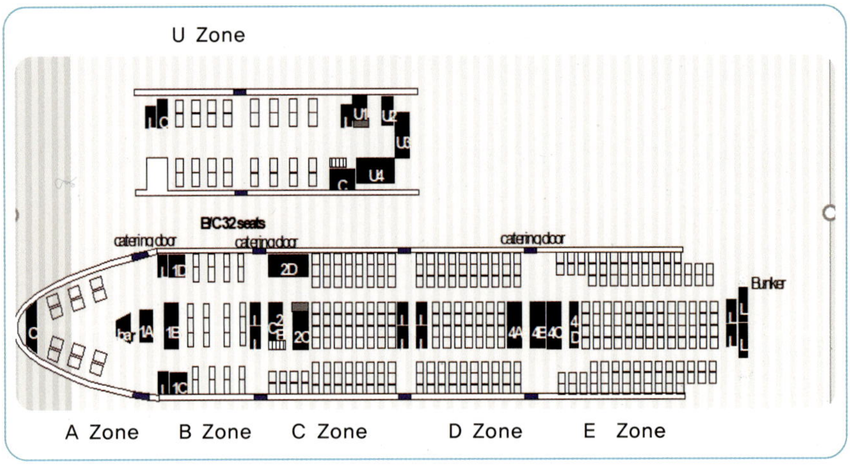

2. 좌석(Class) 등급

항공사들은 운임에 따라 좌석 등급을 나눠 서비스한다. 일반적으로 일등석(First Class), 비즈니스석(Business Class), 일반석(Economy Class)으로 운영하며 클래스의 명칭은 항공사마다 상이하다. 또한 최근에는 항공사의 차별성을 지닌 다양한 클래스들이 운영되고 있으며 저비용항공사의 경우(Low Cost Carrier)에는 좌석 등급을 나누지 않고 단일 클래스(Mono Class)로 운영되기도 한다.

대한항공의 경우 비즈니스석 명칭을 Prestige Class, 아시아나 항공의 경우 일반석 명칭을 Travel Class라고 부른다.

1) 일등석(First Class)

최고의 서비스를 제공하는 일등석의 경우, 항공기의 소음과 진동이 적은 항공기의 앞쪽에 위치한다. 복층(Upper Deck) 구조의 항공기의 경우 2층에 위치하기도 한다.

좌석의 너비 및 좌석 간 사이가 넓으며 개인의 privacy가 최대한 보장되는 공간으로 설계되어 있다. 180도로 펼쳐지는 침대 좌석 외에도 최신식 Entertainment 시스템, 통신 장비 등이 있으며 샤워실 및 바(bar) 등이 있는 기종도 선보이고 있다.

[FIRST CLASS]

2) 비즈니스석(Business Class)

비즈니스석은 일등석 뒤쪽에 위치하거나 복층 구조의 항공기의 2층에 위치하기도 한다. 최근에는 항공사의 마케팅 전략으로 비지니스석의 명칭을 독창적으로 만들어 개성 있고 수준 높은 서비스를 제공하고 있다. 일부 항공사에서는 일등석을 운영하지 않는 대신 비니지스석을 일등석 수준의 프리미엄 좌석과 기내 서비스를 도입하여 공격적인 마케팅을 선보이고 있다.

[BUSINESS CLASS]

3) 일반석(Economy Class)

일반적으로 일반석은 비즈니스석 뒤쪽부터 운영되고 있다. 에어버스 380의 경우, 약 400석 정도가 일반석으로 운영되고 있다. 최대한 경제성을 고려하여 운영되기 때문에 좌석 간 넓이 및 너비는 상위 클래스에 비해 협소하나 최근에는 일반석에도 등받이 각도와 좌석 간의 간격을 넓히는 등 일반석을 이용하는 승객들의 편의를 위해 변화하고 있는 추세이다.

[ECONOMY CLASS]

3. 객실 시설

1) 좌석(Seat)

항공기의 좌석은 승객 좌석과 승무원 좌석으로 구성되어 있다.

(1) 승객 좌석(Passenger Seat)

승객 좌석은 항공사별 특징에 따라 차이가 있으나, 대부분 일등석(First Class), 비즈니스석(Business Class), 일반석(Economy Class) 등급별로 다른 형태의 좌석을 배치하고 있고, 좌석과 좌석 간의 간격(Seat Pitch)도 다르다.

모든 승객 좌석은 열의 형태로 배치되어 있으며 열은 숫자로 표시하고 좌석번호는 숫자와 영문 알파벳으로 표시되어 있다. 승객 좌석은 일반 좌석 외에도 도어(비상구) 근처의 "비상구 좌석"과 좌석 앞쪽이 벽면으로 되어 있는 "Bulk head Seat"이 있다.

좌석은 팔걸이(Armrest), 발받침(Footrest), 좌석 벨트(Seatbelt), 식사 테이블(Tray Table), Seat Pocket 등으로 구성되어 있고, 모든 승객의 좌석 밑이나 팔걸이 근처에는 비행기가 비상사태로 인해 바다에 내렸을 경우에 사용하는 구명복(Life vest)이 준비되어 있다.

(2) 승무원 좌석(Jump Seat)

객실 승무원의 좌석을 'Jump Seat'이라 하고 승무원의 좌석 주변을 'Station"이라 한다. Jump Seat은 각 비상구(Exit door) 옆에 설치되어 있으며, 1~2명이 앉을 수 있도록 되어 있다. 좌석에는 Seat Belt와 Shoulder Harness가 장착되어 있고 자동적으로 접혀지게 설계되어 있다. 따라서 Jump Seat을 사용하지 않을 때는 비상 탈출 시 방해가 되지 않도록 Seat Belt와 Shoulder Harness를 Jump Seat 안쪽으로 정리해 놓아야 한다.

승무원 좌석(Jump Seat) 아래 선반에는 구명복(Life vest), Flash light 등이 구비되어 있으며 주변에는(객실 내 각 구역의 승무원 및 조종실의 운항 승무원과 상호 간 연락을 취하고 필요할 때 기내방송을 할 수 있는) 인터폰과 산소마스크, 소화기 등 각종 비상 장비가 장착되어 있다.

그 외 일부 승무원 좌석 주변에는 객실조명, 기내온도, Pre-recorded Announcement, Boarding Music 등의 기능이 장착되어 있는 Attendant Panel이 있다.

[JUMP SEAT]

2) 수하물 선반(Overhead Bin)

승객 좌석의 머리 위쪽에 부착되어 있는 선반으로 승객의 가벼운 짐이나 코트, 베개, 담요 등을 넣을 수 있는 공간을 말한다.

항공기 기종에 따라 덮개 없이 선반이 아래로 내려오는 형태와, 덮개가 있는 형태로 구성되어 있다.

[OVERHEAD BIN]

3) PSU(Passenger Service Unit)

승객이 비행 중 좌석에 앉아서 이용할 수 있는 독서등, 승무원 호출 버튼, Air Ventilation, 좌석 벨트/금연 표시등 등이 있으며, 좌석의 팔걸이 부분이나 머리 위 선반에 장착되어 있다.

[PSU]

4) 갤리(Galley)

비행 중 승객에게 제공할 기내식과 음료를 저장 및 준비하는 곳으로서 Oven, Coffee Maker, Water Boiler 등의 시설을 갖추고 있다. 갤리 내부에는 지상에서 탑재된 기내식 Cart와 음료 Cart, 서비스 물품 등을 보관하는 Compartment가 장착되어 있다.

[GALLEY]

5) 옷장(Coat Room/Closet)

항공기 전후방의 벽면을 이용하여 별도의 공간이 마련되어 있는 곳으로 승객의 외투나 짐, 그리고 승무원 가방, 기타 기내용품 등을 보관할 수 있다.

[COAT ROOM/CLOSET]

6) 통로(Aisle)

객실 내부에는 객실 앞뒤를 연결하고, 승무원이 승객에게 서비스를 제공하며 승객들이 통행할 수 있는 통로가 기종에 따라 1개 혹은 2개가 있으며, 이에 따라 항공기를 대, 중, 소형기로 구분할 수 있다.

[AISLE]

7) 화장실(Lavatory)

기내 화장실은 금연 구역이며 화장실의 수는 항공기 기종에 따라 다르고, 공간은 협소한 편이다. 화장실 내부에는 승무원 호출 버튼을 비롯하여 화재를 감지할 수 있는 연기 감지기(Smoke Detector)가 설치되어 있으며 쓰레기통 내부에는 열 감지형 소화기가 장착되어 있다. 또한 감압에 대비하여 산소마스크도 장착되어 있다. 그 밖에도 유아 전용 화장실, 여성 전용 화장실 및 장애인을 위한 전용 화장실을 설치하는 항공사가 늘어나고 있는 추세이다.

8) 벙크(Crew Rest Bunk)

장거리 비행 시 승무원이 교대로 쉴 수 있는 공간으로서, 6~8개의 침대가 있다. Crew Rest Bunk가 장착되어 있는 기종은 주로 대형기이며, B747-400은 항공기 후방 위층에 위치하며, B777이나 A330, A380은 항공기 중간 아래층에 위치하고 있다. 대부분 2층 침대의 구조로 되어 있으며 좌석 벨트, 독서등, 인터폰이 장착되어 있다.

[CREW REST BUNK]

Chapter

03 비행 준비

학습목표

1. 객실 승무원의 근무의 특성에 대해 설명할 수 있다.
2. 객실 브리핑에 참석하여 브리핑 내용을 이해할 수 있다.
3. DUTY CODE를 해석할 수 있다.

1. 객실 승무원의 근무

객실 승무원의 근무의 특징은 개인별 스케줄의 의거하여 근무한다.

개인별 스케줄은 대부분 1개월의 근무로 부여받으며, 운항 스케줄, 기종 스케줄, 개인별 비행 시간 등을 고려하여 회사가 정한 날짜에 배포되며, 객실 승무원 스케줄 운영 부서에서 담당한다.

객실 승무원의 근무는 항공기에 탑승하는 비행 근무 및 대기(stand-by), 교육·훈련 등을 포함한다.

객실 승무원 Monthly Schedule 예시

Total Block Time 98:20, Total Add Time 12:30 , ANLV(연차휴가) 2 Days

Date	Flight	Sector	Show-Up	STD	STA
1	202	ICN/LAX	12:10	14:20	10:10
2	–	–	–	–	
3	201	LAX/ICN	10:10	12:30	18:10(+1)
4	ICN				
5	Day off				
6	Day off				
7	STBY				
8	102	ICN/NRT/ICN	07:50	12:10	15:40
9	ANLV				
10	ANLV				
~					

2. Show Up

회사에 출근하여 최초로 수행하는 임무로 회사가 정한 시간에 맞춰 회사 시스템에 접속하는 것을 의미한다.

항공사마다 상이하기는 하나, Show Up은 객실 브리핑 시각 1시간 전부터 가능하다. 객실 승무원은 Show Up 전 비행에 필요한 휴대품을 점검하고 공지사항 확인 및 비행에 관련된 모든 준비를 마쳐야 한다.

3. 객실 브리핑(Cabin Briefing) 준비

Show Up을 완료한 객실 승무원은 회사가 정한 장소에서 객실 사무장(Purser)이 주관하는 객실 브리핑에 참석해야 한다.

대부분 객실 브리핑 시간은 Show Up 시간과 동일하다. 브리핑 시간은 당해 항공기 출발 시간(ETD)을 기준으로 정해지며 항공사마다 조금씩 차이가 있다(공항 이동 시간과 지상에서 비행 준비 시간을 고려하여 결정된다).

객실 브리핑은 안전 업무 및 서비스에 관한 필요한 정보를 공유하고 TeamWork을 도모하는 데 목적이 있다.

객실 승무원 Teamwork의 중요성

객실 승무원 상호 간 및 운항 승무원, 지상직 직원, 정비사 등 Teamwork 형성은 안전한 비행환경 조성을 위하여 매우 중요하다. 국내 항공사에서는 승무원자원관리(CRM: Crew Resource Management) 프로그램을 승무원 교육에 활용하고 있는데, 이는 효과적인 커뮤니케이션과 피드백, 팀워크(Teamwork) 강화, 그룹문제의 해결, 효과적인 업무분배, 상황인식의 공유 등 팀조직에 관한 내용들로 구성되어 있다.

객실 브리핑 준비 사항은 다음과 같다.

1) 필수 휴대품 점검

객실 승무원은 비행 근무를 위해 필요한 필수 휴대품을 점검하고 준비해야 한다.

특히 필수 휴대품을 미소지할 경우, 항공기 탑승에 제한이 발생하므로 반드시 점검해야 한다.

① 여권(Passport), 비자(VISA): 국제선 비행에 해당

② 승무원 등록증

③ ID 카드

④ 객실 승무원 업무 교범(COM: Cabin Operation Manual)

일부 항공사는 객실 승무원 업무 교범이 내장되어 있는 테블릿 PC(PC tablets)를 객실 승무원에게 지급한다. 이런 경우 필수 휴대품 항목에 개인 테블릿 PC가(충전이 되어 있는 상태) 포함된다.

2) 이미지메이킹(Image Making) 점검

객실 승무원의 이미지는 항공사의 이미지를 대표하므로 용모와 복장에 대한 회사의 규정을 숙지하여 항상 단정하고 깨끗한 모습을 유지해야 한다.

국내 항공사의 경우 유니폼을 입고 출근하는 것이 허용되므로, 유니폼에 어울리는 메이크업(Make-up)과 단정한 헤어(hair)를 연출하고 청결한 유니폼을 착용(명찰, Wing 등 부착물 포함)하여 출근해야 한다. 객실 브리핑 전 재점검하고 수정이 필요할 경우, 회사 내 Image making Room에서 수정한다.

국내 항공사의 경우, 사내 편의 시설을 이용하여 유니폼을 세탁하거나 구두의 광택을 낼 수 있다. 또한 Image making room에는 메이크업 박스 및 헤어 도구, 다리미 등이 준비되어 있어 객실 승무원의 편의를 돕고 있다.

3) 공지사항 확인

비행에 필요한 안전 및 서비스에 대한 공지사항을 회사 시스템을 활용하여 확인한다.

① 안전에 대한 공지사항을 업데이트(Update)하고 숙지한다.

② 서비스에 대한 공지사항을 숙지한다.

① 해당 편 브리핑 시트(Briefing Sheet)를 준비한다.

④ 최신 업무 지시 및 기타 공지사항을 숙지한다.

4. 객실 브리핑(Cabin Briefing) 실시

객실 브리핑 시작 10~15분 전에 미리 참석하여 객실 브리핑을 준비한다.

객실 사무장이 주관하여 실시하며 객실 브리핑 내용은 다음과 같다.

- 승무원 명단 확인 및 DUTY 확인
- 필수휴대품 소지 여부 확인
- 비행정보 공유(비행 일반 정보, 스테이션 정보, 서비스 절차)
- S · H · R 승객 확인
- 회사 업무 지시 및 최신 공지사항 공유
- 클래스별 Section 브리핑 실시(시간적 여유가 있을 경우에 해당)

S · H · R(Special Handling Request)

특별한 주의를 기울여 Care해야 하는 승객으로 VIP 승객이나 도움을 필요로 하는 승객, 죄수, 입국이 거절된 승객 등이 포함된다.
승객 탑승 전 운송 직원으로부터 inform을 받아, 변동된 사항을 확인할 수 있다.

DUTY CODE 이해하기

DUTY CODE란 비행 근무를 하는 데 있어서 사무장으로부터 부여받게 되는 고유의 업무를 2~3 letter code 또는 2~3 letter code + 숫자, 알파벳을 조합하여 나타내는 기호를 말한다. 항공사마다 코드 부여 방식이 다르다.
직급과 자격에 따라 부여받을 수 있는 DUTY가 결정되며, DUTY CODE에 따라 근무하는 zone, 근무의 내용과 범위가 정해진다.
다음은 국내 FSC 항공사들의 DUTY CODE 예시이다.

예시 1: YBL

Y: 일반석
B: B zone
L: L side aisle 담당 승무원

예시 2: BL1

B: B zone을 의미하는 동시에 일반석을 의미
L1: L side aisle 담당 승무원/L side의 좌석열을 앞/뒤로 나누고 1,2로 명명한 후, 앞쪽 열을 담당하는 승무원을 의미

5. 합동(운항) 브리핑 실시

객실 브리핑을 마친 객실 승무원은 화사가 정한 장소에서 기장이 주관하는 합동(운항) 브리핑에 참석해야 한다. 합동 브리핑 내용은 다음과 같다.

- 운항정보(비행시간, 날씨, 고도, 항로 등)
- 안전 및 보안 관련 사항(조종실 출입 절차 및 비상 상황 발생 시 처리 절차 등)
- 운항 승무원과 객실 승무원 간의 상호 협조 사항

• 승객 예약 상황 및 화물 탑재 사항

※ 합동 브리핑 장소가 공항 내 사무실이나 기내일 경우에는 공항 청사 도착 후 참석한다.

6. 공항 청사 이동(출국 수속)

객실 승무원은 공항 청사로 이동 후 항공기에 탑승하기 전, 승무원 전용 Counter를 이용하여 Flight Bag과 Hanger를 제외한 모든 Baggage를 탁송해야 하며, 탁송 때에는 Baggage에 Crew Tag을 부착한다.

Baggage 탁송 후 승무원 출국절차에 따라 C.I.Q.를 통과하여 항공기에 탑승한다.

C.I.Q.

C.I.Q.: customs, immigration, quarantine(세관, 출입국, 검역)을 의미하여 공항 출입국 시 반드시 거쳐야 하는 수속과정이다.

PART II

항공기 탑승 후 업무

Chapter 01

승객 탑승 전 업무

학습목표

1. 비행 전 비상 장비와 보안 장비를 점검할 수 있다.
2. 기내 시스템을 점검하고 작동할 수 있다.
3. 객실 설비를 점검하고 작동할 수 있다.

1. Pre-Flight Check

1) 객실 승무원 짐 보관

항공기 탑승 후 승객의 안전과 편의를 최우선으로 고려하여 객실 승무원 개인의 기내반입 휴대 수하물을 지정된 장소에 안전하게 보관해야 한다. 승객 좌석 주변이나 Door side에 방치하지 않도록 한다.

승무원 짐 보관 장소

- 수하물 선반(Overhead Bin)
- Door가 장착된 코트룸(Coat Room/Closet)
- 전방과 통로 측 방향에 "ㄷ"자형의 고정 장치가 있는 좌석 하단(Zone별 뒤쪽 좌석 하단)

2) 비상 장비 및 보안 장비 점검

항공기에는 응급 환자 및 예기치 못한 비상 상황에 대비하여 응급장비, 산소 공급 장비, 비상 탈출 장비, 화재 진압 장비 등의 비상 장비와 테러 및 기내 업무 방해 행위를 진압하기 위한 보안 장비가 구역별로 준비되어 있다.

객실 승무원은 담당 구역별로 구비되어 있는 비상 장비 및 보안 장비의 장착상태 및 정상 작동 여부를 점검해야 한다. 각자 점검이 끝난 후에는 객실 사무장에게 이상 유무를 보고하고 객실 사무장은 기장에게 최종 보고해야 한다. 만약 이상이 있을 경우 정비사에게 알려 반드시 필요한 조치가 이루어지도록 해야 한다.

■ 비상 장비 Pre-flight Check List

장비	점검 내용
객실 승무원 life vest	정위치 보관 상태
Jump seat	좌석상태 벨트 상태
Halon 소화기	정위치 Seal 상태 압력 게이지 표시가 그린 밴드(green band)에 위치에 있는지 확인
H2O 소화기	정위치 Seal 상태 확인
PBE	정위치 진공상태로 포장되어 있는지 확인 유효기간 확인
석면장갑(Asbestos Gloves)	정위치 한 쌍이 있는지 확인
손도끼(Crash Axe)	정위치 고정 상태 확인
메가폰(Megaphone)	정위치 작동 확인 고정 상태 확인
휴대용 산소통	정위치 마스크 튜브 보관 상태 게이지가 1,800PSI 이상인지 확인
Flash Light	정위치 충전표시등(Red Light 깜박거림) 확인
First Aid Kit	정위치 Seal 상태 유효기간 확인
EMK	정위치 Seal 상태 확인
UPK	정위치 Seal 상태
AED	정위치 유효기간 학인 배터리(상태 표시 창을 통해 사용 가능 상태 확인)

3) 항공기 보안 점검

객실 승무원은 항공 보안 단계에 따라 기내 보안 점검을 실시해야 한다.

객실 사무장이 보안 점검 실시를 지시하면 전 승무원은 자신의 구역으로 이동하여 기내에 의심스러운 물건이 없는지 육안으로 확인하고 이상 유무를 사무장에게 보고한다. 객실 사무장은 최종적으로 기장에게 보고한다.

보안 점검은 보안 등급에 따라 점검해야 하는 항목이 정해진다.

■ 항공기 보안 등급

단계	상황
GREEN(평상시)	불법행위 위험이 낮은 일반적인 상황
BLUE(1단계)	불법행위 위험이 생각보다 높은 준 · 경계상황
YELLOW(2단계)	항공기 납치 및 폭파위험 정보 등으로 항공기 안전운항에 어느 정도 위험이 있다고 판단되는 경계상황
ORANGE(3단계)	테러에 대해 비교적 신빙성 있는 정보가 접수되어 구체적인 방지대책이 필요한 준비상상황
RED(4단계)	항공기 및 공항시설 등에 대한 테러가 발생하였거나 발생이 임박한 비상상황

■ 보안 점검표

구분	점검사항
객실	비상벨 좌석상단 객실 하단부분 모든 오버헤드 빈 벽면 및 창가 출입구 및 주변 기계 장치 코트룸/클로젯 비상 장비 보관 장소 Life vest seat 쿠션, 하단 승무원 좌석 및 구명복 보관장소 승무원 휴식 공간 기타
주방 (Galley)	비상벨 오븐, 냉장고, Bar 주방 내 주변에 비치된 각종 비상 장비 벽면, 천정 및 바닥부분 쓰레기함 주방 내 모든 보관공간
화장실 (Lavatory)	화장실 문, 벽면 및 천정 외부 변기 주변 휴지, 화장지 보관함 개수대 및 하단 용기 산소마스크 보관장소

4) 청소 상태 점검

청소작업이 완료되면 객실 승무원은 담당구역별로 객실, 갤리, 화장실, 승객 좌석, Seat Pocket Item Setting 등 기내 청소 상태를 점검 후 객실 사무장에게 보고한다. 청소 상태가 완료되지 않았거나 미비할 경우 객실 사무장은 지상 조업원에게 재요청한다.

2. 기내 시스템 및 설비 점검

객실 승무원은 비행 전 기내 설비와 시스템의 이상 유무를 점검하며, 기종에 따라 사양과 작동 방법이 차이가 있으므로 사전에 숙지해야 한다.

1) 통신(Communication) 시스템 점검

(1) PA

- PA(Public Address System)는 기내 방송을 의미하여, PA를 이용하여 객실 전체에 방송을 실시할 수 있다. 객실 사무장 및 방송 담당 승무원은 짧은 방송을 실시하여 방송 크기 및 음량 상태를 다른 승무원이 모니터링하게 한다.
- 승무원 좌석이나 갤리에 있는 Handset을 탈착하여 'Push To Talk' 버튼을 누르면서 말한다.

(2) 인터폰(Interphone) 시스템

① 인터폰 시스템은 객실 승무원 간 또는 조종실과 상호 송수신할 수 있는 시스템을 의미한다.

② Handset에서 통화하고자 하는 스테이션(Station)의 숫자를 누르면 차임벨과 스테이션의 Master Call Display에 적색등이 켜진다.

[INTERPHONE]

Master Call Display(Call Light System)

인터폰 시스템을 보조하는 시각 신호 장치

- BLUE: Passenger Call
- AMBER: Lavatory Call
- RED: Attendant Call, Cockpit Call

2) 객실 조명 시스템 점검

객실 조명을 단계별(night-dim-bright-full bright)로 조절하여 작동 유무를 확인한다. 객실 조명 시스템은 Cabin Attendant Panel에서 작동할 수 있다.

[CABIN ATTENDANT PANEL]

3) 화장실 설비 점점

화장실이 위치한 담당 구역의 객실 승무원은 화장실 설비의 작동 상태, 청결 상태, 비품 등이 구비되어 있는지 확인한다.

화장실의 청결상태 확인

- Toilet Bowl, 화장실 비품 Setting 및 유해물질 탑재 여부
- Wash Basin, Flushing 상태 확인
- Compartment Locking 상태 확인
- Smoking Detector 위치, 작동 및 이물질 여부 확인

4) 갤리(Galley) 설비 점검

갤리(Galley)란 기내의 주방을 일컫는 말로, 승객에게 제공되는 서비스 용품을 저장 및 준비하는 공간이다. 기종에 따라 장착되어 있는 설비의 종류가 다양하다.

(1) 오븐(Oven)

주요리(Main Dish)를 데우는 데 사용되며 객실 승무원은 작동 상태를 확인해야 한다.

오븐 내부의 환풍기에 이물질은 오븐 화재의 원인이 되므로 반드시 이물질이 끼어 있는지 확인해야 한다.

[OVEN]

(2) Warming Oven

내용물을 따뜻하게 유지해 주는 장비로, 주로 상위클래스의 타월이나 Chinaware 등을 따뜻하게 보관하는 데 사용한다.

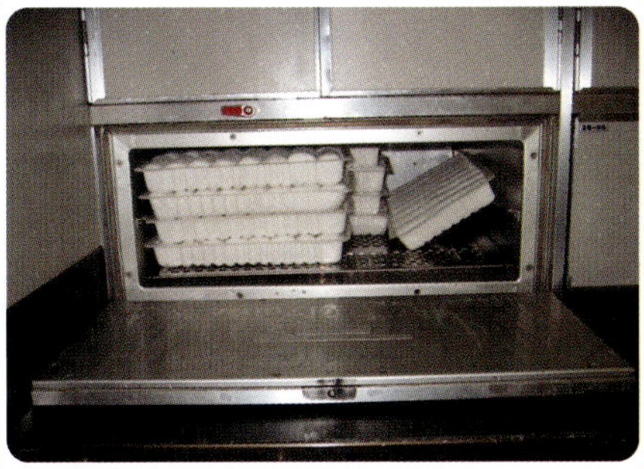

[WARMING OVEN]

(3) Coffee Maker

원두를 coffee pillow에 넣어 Brew하는 갤리 설비로 커피를 내리는 Brew버튼과 따뜻함을 유지시켜 주는 Warmer 버튼으로 구성되어 있다.

[COFFEE MAKER & WATER BOILER]

(4) Water Boiler

뜨거운 물을 제공하는 설비이다.

Air Bleeding

Coffee Maker와 Water Boiler를 사용하기 전에 설비 내부 호스의 공기를 빼 주는 작업을 의미한다. Air Bleeding을 실시하지 않고 사용할 경우 내부의 공기가 팽창하여 뜨거운 물이 튀어 화상을 입을 수 있다. 전원이 꺼진 상태에서 기포가 없는 상태의 물이 나올 때까지 물을 충분히 빼 준다.

(5) 냉장고(Refrigerator)

기내에 탑재되는 음료를 차갑게 보관하는 설비이다. 짧은 시간에 음료를 Chilling이 필요한 경우에는 드라이아이스를 추가로 넣기도 한다. 기종에 따라 크기와 사양이 다르다.

(6) 쓰레기통

모든 갤리에는 쓰레기통이 설치되어 있으며 기종에 따라 쓰레기를 압축시켜 부피를 줄일 수 있는 Trash Compactor가 장착되어 있다.

[TRASH COMPACTOR]

(7) Drain

기내의 압력과 외부의 압력 차이를 이용해 항공기 외부로 오수를 처리하는 설비이다. Drain에는 순수한 물만 버려야 하며(막힘 현상 발생) 지상에 주기되어 있는 경우에는 사용을 금지한다.

5) 승객 좌석 설비 점검

승객 좌석에는 편의 설비가 장착되어 있다. 팔걸이(ArmRest), 발받침(FootRest), 식사 테이블(Tray Table), Seat Pocket, 개인용 모니터 등이 장착되어 있다.

기종에 따라 사양과 작동 방법이 차이가 있으므로 사전에 숙지해야 한다.

(1) IFE(In-flight Entertainment) 점검

일부 기종에는 개인용 IFE가 장착되어 있다. 담당 구역의 IFE 설비의 이상 유무를 확인하고 작동 여부를 확인한다.

(2) PSU(Passenger Service Unit) 점검

좌석 주변에는 독서등(Leading light), 금연 및 좌석 벨트 착용 표시등, 승무원 호출 버튼 등이 있는 PSU가 장착되어 있으므로 작동여부를 점검해야 한다.

6) 기타 점검

비행하는 동안 사용할 물의 탑재량을 나타내는 Water gage, 오물의 양을 나타내는 Waste gage를 점검하고 기내온도, 기내 오디오 및 비디오 시스템의 작동여부를 점검한다.

Chapter 02

기내 식음료의 이해

학습목표

1. 서양식의 디너 코스별 음식에 대해 설명할 수 있다.
2. 서양식 조식에 대해 설명할 수 있다.
3. 알코올 음료의 종류를 알고 각 주류에 대해 설명할 수 있다.
4. 칵테일 차트를 참고하여 칵테일을 제조할 수 있다.

1. 서양식의 이해

기내에 탑재되는 기내식과 기내 음료는 서양식에 기반되어 탑재된다. 따라서 서양식과 음료에 대한 이해가 바탕이 되어야 한다.

1) 서양식의 특성

서양식은 일반적으로 코스(Course)별로 식단이 짜여 제공된다. 식사의 양은

Light-Heavy-Light로 구성되어 있으며, 식욕을 촉진시킬 수 있는 드라이(Dry)한 맛에서 소화를 도와주는 스위트(Sweet)한 맛으로 구성되어 있다.

2) 서양식의 구성

(1) 뷔페(Buffet)

여러 그릇에 음식을 담아 놓고, 먹는 사람이 마음대로 덜어 먹는 방식이다.

(2) 정식 메뉴(Table D'hote)

코스와 가격이 일정하게 정해져 있는 메뉴로, 대체적으로 가격이 비싸고 질도 우수한 메뉴가 제공된다.

(3) 일품요리(A La Carte)

각 코스별로 다양한 메뉴 중 기호에 따라 선택할 수 있다.

3) 서양식의 디너 코스(Dinner course)의 이해

(1) 전채 요리(Appetizer/Hors d'oeuvre/Starter)

① 식사 순서에서 가장 먼저 제공되는 요리로 식욕을 촉진하기 위해 먹는 가벼운 요리다.

② 전채 요리의 메뉴는 주요리의 재료와 겹치지 않는 것으로 선택해야 한다.

③ 종류

- 캐비어(Caviar): 철갑상어의 알. 대표적인 전채 요리로 가장 고급스러운 요리이다. 주로 양파와 달걀, 레몬을 곁들어서 먹거나 얇은 토스트(Melba toast) 위에

얹어 먹기도 한다.

- 프아그라(Fois gras): 거위나 오리의 간을 살짝 익힌 요리로 캐비어와 함께 최고급 요리에 포함된다. 식용 버섯의 일종인 트러플(Truffle)과 매우 잘 어울리며 주로 차게 해서 먹는다.
- 스모크드 새먼(Smoked Salmon): 훈제된 연어로 맛이 부드럽고 풍미도 좋다.
- 카나페(Canape): 얇고 작게 자른 빵조각 위에 여러 가지 재료를 얹어서 만든 요리이다. 손으로 먹어도 무방하여 핑거 푸드(Finger food)라 부르기도 한다.
- 그 밖의 스시나 해산물 등의 요리들이 있다.

(2) 수프(Soup)

① 서양식에서 유일하게 국물이 있는 요리로 육류, 조류, 어패류 또는 야채 등을 고아 낸 국물로 만든다. 일반적으로 Soup와 빵이 함께 제공된다.

② 종류

- Clear Soup(꽁소메/CONSOMME)

  맑고 투명한 색이 나는 것이 특징이며 주재료나 곁들임에 따라 Soup의 이름이 결정된다.

- Thick Soup(뽀따쥬/POTAGE)

  걸쭉한 Soup로 전분이 함유되어 있으며 주재료에 따라 이름이 다양하게 바뀐다.

(3) 빵(Bread)

① 디너에서 빵은 Soup 코스에 이어서 제공된다. 코스별로 제공되는 음식 고유의 맛을 즐길 수 있도록 혀에 남아 있는 맛을 씻어 주는 역할을 하므로 코스 사이에 조금씩 먹도록 해야 한다. 대부분 디저트 코스가 나오기 전까지 서비스한다.

② 종류

- 아침용: croissants, muffins, danish pastries, toast, bagels 등
- 그 외: soft rolls, hard rolls, rye rolls, garlic bread 등

(4) 샐러드(Salad)

신선한 야채로 구성되며 육식을 중화시키는 역할을 한다. 취향에 따라 드레싱을 곁들어 먹는다.

Salad의 4C

최상의 샐러드를 즐기기 위해 유의할 사항
Clean: 신선하고 깨끗한 재료를 사용한다.
Cool: 차게 보관한다.
Crispy: 씹을 때 바삭거려야 한다.
Colorful: 다채로운 색깔로 배열하여 구성해야 한다.

(5) 주요리(Main Dish)

① 서양식의 주요리는 Entree, Starch, Vegetables로 구성되어 있으며 흔히 메인디쉬를 Entree(앙뜨레)로 통칭하여 부르기도 한다.

② Entree

Meat류, Seafood류, Poultry류 등이 있으며, Sauce와 함께 곁들여진다.

Beef Steak의 종류

- 안심(Fillet)을 이용한 스테이크(Steak)
  - 샤또브리앙(Chateaubriand): 안심의 가장 좋은 부위로 최고급 스테이크이다.
  - 뚜른돈느(Tournedos): 약 150g 정도로 자른 것에 얇게 저민 돼지비계나 베이컨을 감아서 만든다.
  - 필레미뇽(Filet Mignon): Tournedos 다음 부분으로 육질이 연하며 fois gras을 곁들인 'Fillet Mignon Rossint' 요리는 매우 유명하다.
- Sirloin Steak: 등심 고기로 영국왕 찰스 2세가 작위를 주어 loin 앞에 sir을 붙여 지금의 명칭이 되었다. 안심보다는 육질이 약간 질기고 고소한 맛이 강하다.
- T-Bone Steak: 한 개의 뼈를 사이에 두고 한쪽에는 fillet, 다른 한쪽에는 Sirloin이 붙어 있어 두 부위의 맛을 볼 수 있다. 뼈가 'T'자 모양을 하고 있어 붙어진 명칭이다.

② Starch

전분이 함유되어 있는 재료로 만든 Rice류, Potato류, Pasta류 등을 의미한다.

③ Vegetable

아스파라거스, 당근, 브로콜리, 청경재 등을 곁들이는 더운 야채를 의미하며, 조리 시 풍미나 향이 훼손되지 않아야 한다.

(6) 디저트(Dessert)

일반적으로 스윗 디시(Sweet dish)를 의미하나 치즈(Cheese), 과일(Fruit) 등도 디저트 메뉴로 포함하기도 한다.

① 치즈(Cheese)

주로 우유나 양, 산양 등의 젖을 응축한 식품으로, 고영양 식품이며 소화도 잘 되는 디저트 식품이다. 만드는 방법, 생산지, 숙성 정도에 따라 각 치즈마다 맛과 향이 달라 고유의 특색을 지니고 있다.

생산지별 치즈 종류

- 프랑스: CAMENRBERT(까망베르), ROQUEFORT(로끄포르), BRIE(브리), PORT DU SAULT(뽀르 뒤 살뤼)
- 스위스: EMMENTHAL(에망딸), GRUYERE(그뤼에르)
- 이탈리아: GORGONZOLA(고르곤졸라), BEL PAESE(벨피스), PARMENSAN(파르마산)
- 네덜란드: EDAM(이담), GOUDA(구다)
- 영국: CHEDDAR(체다), STILTON(스틸톤)

② 과일(Fruit)

대부분 단맛을 가지고 있으므로 생으로 먹는 것이 보통이며 디저트 코스의 신선함을 제공하는 역할을 한다.

③ 스위트 디시(Sweet dish)

식사를 화려하게 장식해 주는 역할을 하며 시각적인 측면이 고려되어 색깔, 장식 등이 섬세하게 만들어진 요리이다. 요리의 재료나 양이 이전에 제공된 요리와 조화를 이루어야 한다. 아이스크림(Ice cream), 가또(Gateau), 파이(Pie), 젤리(Jelly), 푸딩(Pudding), 셔벳(Sherbet), 쁘띠 포르(Petits fours) 등이 있다.

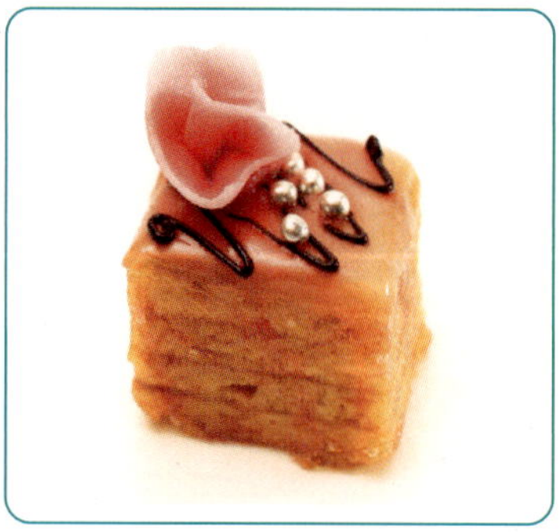

[PETITS FOURS]

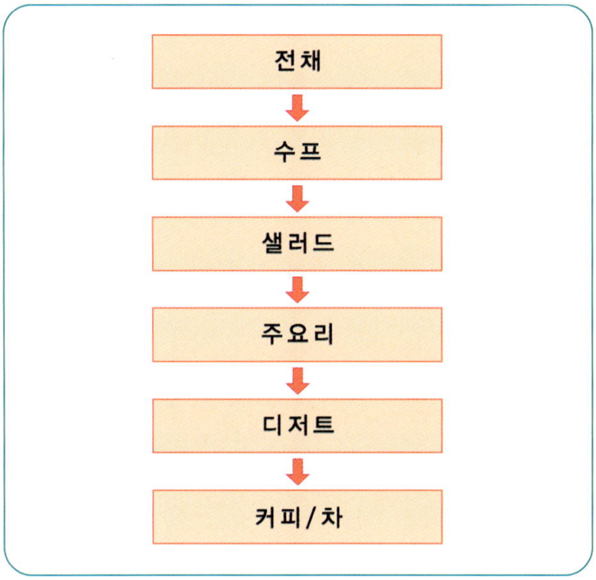

[DINNER COURSE]

4) 서양식 Breakfast의 이해

서양의 아침요리는 나라마다 식문화에 차이가 있어 영국에서는 생선 프라이와 홍차를, 프랑스에서는 카페오레와 빵을, 그리고 미국에서는 과일주스로 시작하여 그릴 요리까지 먹고 있다.

(1) Breakfast의 종류

① Continental Breakfast

영국을 제외한 유럽식 아침 식사를 의미한다.

빵과 음료만으로 이루어진 간단한 식사이다. 매우 간단한 메뉴로 부족하다 싶으면 일품요리(A la carte)를 추가해도 된다.

② American Breakfast

미국에서 비롯된 아침 메뉴로 Continental Breakfast에 비해 요리 수가 많다.

과일 주스로 시작하여 시리얼(Cereal), 조식 빵(Breakfast Roll, Toast & Jam), 계란 요리, 커피, 우유, 차(Tea) 등으로 구성되어 있다.

(2) Breakfast 메뉴의 종류와 특성

① 아침 빵(Breakfast Roll)

식사의 개념으로 먹으며 크루아상(Croissant), 브리오쉬(Brioche), 머핀(Muffin), 대니시 롤(Danish roll) 등이 있다.

② 과일 주스(Fruit Juice)

아침 메뉴에는 주로 오렌지 주스, 애플 주스, 토마토 주스 등을 fresh한 것으로 마신다.

③ 과일(Fruit)

과일은 아침식사 시 전채의 의미로 먹으며, 생과일 외에도 캔(can) 등의 가공된 과일도 있다.

④ 시리얼과 요거트(Cereal & Yoghurt)

Cereal은 곡물을 튀기거나 가공한 것으로 우유, 설탕 등과 함께 먹는다.

Yoghurt는 우유에 유산균을 첨가하여 걸쭉한 상태로 응고시킨 유동식으로 과일, 향료, 설탕 등이 첨가되기도 한다.

⑤ 주요리(Main dish)

주로 계란이 사용된 요리가 많으며 계란과 잘 어울리는 Mixed grill과 Starch, Vegetable이 함께 곁들여진다.

- Mixed grill: Ham, Bacon, Sausage
- Starch: Hash brown, Sweet potato
- Vegetable: Tomato, Mushroom, Green pepper
- Egg dish: Omelette, Scrambled egg, Fried egg, Poached egg, Boiled egg

⑥ 기타 Breakfast 메뉴

French toast, Pancake, Waffle 등이 있다.

2. 서양 음료의 이해

음료란 알코올을 함유하고 있는 음료와 비알코올 음료 모두를 포함한다.

서양 음료의 특징은 음식을 더욱 맛있게 먹기 위하여 마신다는 것이다. 우리나라도 예전과는 달리 술을 마시기 위해 안주를 먹는 전통에서 음식에 어울리는 전통주 등의 발달로 예전과는 다른 양상을 보이고 있다.

1) Alcoholic beverage

알코올이 함유된 음료를 말하며 '술'이라고 부르는 종류들이 모두 포함된다.

제조 방법 및 식사와 관련하여 다음과 같이 분류할 수 있다.

(1) 제조법에 따른 분류

① 양조주(Fermented)

곡물의 녹말이나 과일의 당분을 발효시켜 여과한 술로서 가장 오래된 역사를 가지고 있다. 와인(Wine), 맥주(Beer), 청주, 막걸리 등이 해당된다.

② 증류주(Distilled)

양조주를 증류하여 알코올 농도를 높여 만든 술이다.

위스키(Whisky), 보드카(Vodka), 브랜디(Brandy), 중국의 고량주 등이 해당된다.

③ 혼성주(Compounded)

증류주에 다른 종류의 술을 혼합하거나 약초, 식물 뿌리, 열매, 과즙, 색소, 향 등을 첨가하여 만든 술이다. 리큐어(Liqueur), 진(Gin) 등이 해당된다.

(2) 식사에 따른 분류

① 식전주(Aperitif)

소량의 알코올은 위산 분비가 활발해져 식욕이 좋아지며 신맛과 쓴맛이 있으면 더욱 효과가 좋다. 대표적인 식전주로는 칵테일(Cocktail), 샴페인(Champagne), 쉐리(Sherry) 등이 있다.

② 식중주(During Meal Drink)

식사 코스 사이에 입맛을 새롭게 하고 소화를 돕는 역할을 하는 것으로 대부분 알코올 도수가 높지 않아 혀나 위에 자극을 주지 않는다.

대표적인 식중주로는 와인과 맥주가 있다.

③ 식후주(After Meal Drink)

식후 소화를 돕는 역할을 하고 알코올 도수가 높고 감미로운 술의 종류가 많다. 대표적인 식후주로는 리큐어, 브랜디가 있다.

2) Alcoholic beverage의 종류

(1) 와인(Wine)

① 와인의 특성

와인은 다른 술과는 달리 제조 과정에서 물이 전혀 첨가되지 않은 천연 과일 음료이다. 발효 과정을 거치면서 포도와는 전혀 다른 맛을 지니게 되지만 유기산, 무기질, 비타민 등 포도가 가진 영양분은 그대로 살아 있다. 와인의 구성성분을 살펴보면 12% 정도의 알코올과 85%의 수분, 3% 내외의 당분, 비타민, 유기산, 각종 미네랄 등으로, 와인의 맛을 좌우하며 건강에 도움을 준다.

② 와인의 분류

가. 색에 의한 분류

- White wine: 주로 청포도로 만들며, 껍질의 색소 추출과정이 없다. 포도를 으깨어 바로 압착한 뒤 발효하므로 red wine의 떫고 묵직함에 비해 가볍고 산뜻한 편이다.
- Red wine: 적포도와 껍질, 씨에서 나온 주스로 발효시킨다. 발효 기간은 3~8일 정도이며, 발효과정 후 적절한 색을 얻으면 압착한다. Red wine의 떫은맛은 씨의 타닌(tannin) 성분에서 나온다.
- Rose wine: red와 white의 중간 상태로 매혹적인 색깔이 매력 포인트이다. 신선한 맛과 분위기 있는 색깔로 식사 중 어느 때나 마실 수 있다. Rose wine은 붉은 포도로 만들기는 하지만 껍질에 있는 색소가 덜 우러나오게 만든 것으로,

제조 방법은 red wine과 유사하나, 보존기간이 짧고 오래 숙성하지 않아 화이트와인에 가깝다.

[RED WINE]

[WHITE WINE]

[ROSE WINE]

나. 제조법에 의한 분류

- 비발포성 와인(Still wine)

  가장 보편적인 와인으로 순수한 자연 그대로의 포도만 가지고 양조한 발포성이 없는 와인으로 대부분의 와인이 여기에 속한다.

- 발포성 와인(Sparkling wine)

  거품이 나는 와인으로, 1차 발효가 끝난 다음 2차 발효에서 생긴 탄산가스를 그대로 함유시킨 발포성 와인이다. 대표적인 발포성 와인으로는 프랑스 샹파누(Champagne) 지방에서 생산되는 샴페인이 있다.

- 강화 와인(Fortified Wine)

  와인을 제조하는 과정에 브랜디 등을 첨가하여 알코올 도수를 높인 것으로 포르투칼의 PORT, 스페인의 SHERRY 등이 있다.

- 방향 와인(Aromatized Wine)

  향신료, 약초 등을 첨가해 향미를 좋게 한 것으로 프랑스의 DRY VERMOUTH, 이탈리아의 SWEET VERMOUTH 등이 있다.

다. 당도에 의한 분류

- 드라이 와인(Dry wine)

  완전히 발효되어서 당분이 거의 없는 와인으로 단맛이 없으며, 식전주 또는 테이블와인으로 많이 마신다.

- 스위트 와인(Sweet wine)

  완전히 발효되지 못하고 당분이 남아 있는 상태에서 발효를 중지시킨 것과 당분을 가미하여 만든 것이 있다. 주로 단맛이 많이 함유된 와인으로서 디저트 와인으로 많이 마신다.

③ 와인의 보관

와인은 병입 후에도 변화가 계속되는 술로서 보관 방법에 따라 와인의 가치가 달라지므로 보관에 유의해야 한다.

가. 빛, 높은 온도, 진동을 피한다. 장기간 보관되는 와인은 Wine cellar나 어둡고 서늘한 지하 창고에서 보관하는 것이 좋다.

나. 눕혀서 보관한다. 특히 코르크 마개를 한 와인은 병을 세워 두어 코르크가 건조해지면 미세한 구멍으로 공기가 침입하게 되어 와인이 부패하게 된다. 따라서 공기와의 접촉을 차단하기 위해 반드시 눕혀서 보관해야 한다.

Wine Breathing

와인의 오랜 숙성기간을 거치는 제조과정으로 병 속에 남아 있는 거친 맛을, 와인 병을 미리 오픈하여 숨을 쉬게 해 주는 것으로 공기 중의 산소와 접촉함으로써 와인의 향미가 되살아나는 과정이다. 레드 와인은 30분~2시간 전에 오픈하여 Breathing 시키고, 레드 와인의 비해 숙성기간이 짧은 화이트 와인은 10~30분 전에 오픈하여 Breathing 시킨다.

④ 와인 따르는 방법

가. Show the label

나. Pour

다. Stop

라. Twist

마. Make eye contact

Wine Tasting

와인의 맛과 향은 좋은 와인을 결정짓는 요소이다. 따라서 와인을 마시기 전 색깔, 향, 맛을 시음하는 절차를 거치는데 이를 Wine Tasting이라고 한다.

[Tasting 방법]

- 와인의 라벨을 보여 드린다.
- 글라스의 1/4~1/3 정도 따라 시음을 유도한다.
- 만족 여부를 확인한 후 글라스의 2/3 이하로 따른다.

⑤ 와인 레이블(Label)

와인은 생산지에 따라 표시하는 방법, 내용이 다르나 일반적으로 레이블(Label)을 통해 와인의 품질과 와인에 대한 이해가 가능하다.

레이블(Label)에는 포도 품종, 포도 수확연도(Vintage), 생산지, 소유자, 와인의 등급, 알코올 도수, 와인의 용량 등이 표기되어 있다.

와인과 음식과의 조화

생선요리에 화이트 와인이 어울리는 이유는 화이트 와인의 산미가 생선의 맛과 조화되기 때문이고, 레드 와인과 붉은 육류요리가 잘 어울리는 이유는 레드 와인의 타닌이 육류의 기름기와 짙은 맛을 잘 조절해 주기 때문이다. 그러나, 상식보다는 개인의 취향에 맞게 와인을 선택하는 것이 좋다.

프랑스 와인의 등급

프랑스 와인이 유명한 이유는 일찍부터 품질관리 체계를 확립하여 와인을 생산했기 때문이다. 프랑스 와인 등급은 4단계로 분류되며, 피라미드 가장 위쪽 AOC 등급이 가장 우수한 품질의 와인이다.

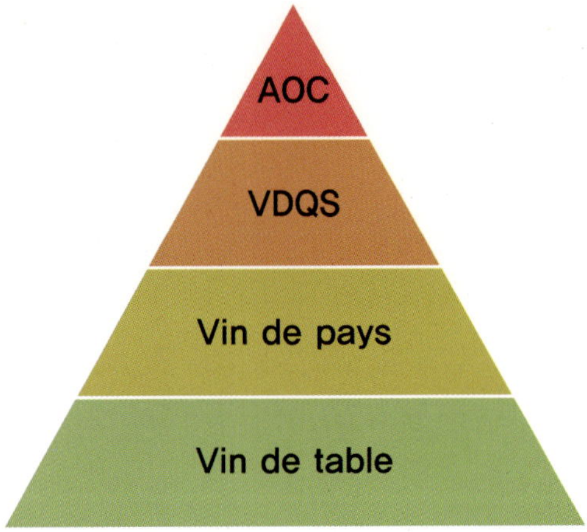

(2) 맥주(Beer)

① 맥주의 특성

가. 6000년 전 바빌로니아인(人)에 의해 만들어진 양조주로서 맥아, 보리, Hop으로 만들어진다.

나. 영양분이 많은 음료이며 알코올 농도가 4~6도로 낮고 탄산가스의 청량감으로 인해 대중적인 인기 음료이다.

② 맥주의 종류

맥주는 발효 형태에 따라 다음과 같이 분류된다.

가. 하면 발효 맥주

세계 맥주 생산량의 대부분을 차지하며 저온에서 발효시킨 맥주이다.

대표적인 하면 발표 맥주는 Lager beer, 필센 type beer, 뮌헨 type beer 등이다.

나. 상면 발효 맥주

고온에서 발효시킨 맥주이다.

Staut beer, Ale beer 등이 해당된다.

- Staut beer: 색깔이 진하고 알코올 함량이 높은 흑맥주이다.
- Ale beer: Larger beer보다 호프와의 접촉시간을 길게 하여 호프 냄새가 강하고 쓴 맛이 나는 맥주이다.

다. 기타 맥주

• Draft beer: 살균하지 않는 생맥주로 신선한 풍미가 살아 있다. 반드시 저온에서 운반, 저장해야 하고 빨리 소비해야 한다.

(3) 위스키(Whisky)

① 위스키의 특성

가. 대표적인 증류주로, 곡물을 발표시킨 양조주를 증류하여 만든다.

나. Oak통에서 숙성을 거치는 술이다.

다. 생산지별로 고유의 풍미와 특성을 가지고 있다.

② 위스키의 종류

가. 스카치 위스키(Scotch Whisky)

스코틀랜드에서 제조되는 위스키로, 세계적으로 가장 유명한 위스키이다.

- Malt Whisky: 맥아를 사용해서 만들며 특히 맥아 건조 시 사용하는 Peat로 인해 강한 연기 냄새가 나는 것이 특징이다.
- Grain Whisky: 일반 곡물, 주로 옥수수를 원료로 하여 현대식 연속 증류기로 증류하여 만든다. 비교적 향이 가볍고 특성이 없어 주로 Malt Whisky와 블렌딩할 목적으로 만든다.
- Blended Whisky: Malt Whisky와 Grain Whisky를 혼합하여 마시기 좋게 한 것으로 대중들이 마시는 Scotch Whisky의 대부분이 Blended Whisky이다.

나. 아이리시 위스키(Irish Whiskey)

아일랜드에서 제조되는 위스키로 보리를 주원료로 사용하며 맥아 건조 과정에서 무연탄으로 건조되어 위스키의 스모키(smoky)한 향이 없어 맥아의 구수한 맛을 그대로 느낄 수 있는 전통적인 맛을 가지고 있다.

다. 아메리칸 위스키(American Whisky)

미국에서 생산되는 위스키이며 옥수수를 주원료로 사용하는 Bourbon Whiskey가 유명하다.

라. 캐나디안 위스키(Canadian Whisky)

호밀을 주재료 한 straight와 옥수수를 재료로 한 grain natural spirits를 혼합한 blended whiskey이다. 맛은 부드럽고 주원료는 향미가 강한 rye로 만든 whisky와 깨끗한 맛의 옥수수로 만든 whisky를 섞어서 특유의 부드럽고 경쾌한 whisky를 만들고 있다.

Whisky와 Whiskey의 차이

'생명의 물'이라는 뜻의 고대 켈트어(Kelt)의 'usky'가 변하여 오늘날 Whisky 또는 Whiskey가 변하였다. 스코틀랜드와 캐나다에서는 'Whisky'의 철자를 사용하고 미국이나 아일랜드에서는 'e'를 붙여 'Whiskey'로 표기하고 있다.

(4) 브랜디(Brandy)

① 브랜디의 특성

브랜디는 와인을 증류한 술로, 증류했을 때는 무색이나 오랫동안 오크통 속에서 숙성되는 동안 아름다운 호박색으로 변한다. 식후주로 많이 애용되며, 향을 음미하여 소량으로 마신다. 기본적으로 얼음은 넣지 않는다.

특유의 향을 즐길 수 있도록 입구가 좁고 볼이 불룩한 튤립 모양의 잔에 담아 마신다.

② 브랜디의 종류

브랜디는 와인이 생산되는 곳이면 어디서나 만들 수 있다.

프랑스 꼬냑 지방에서 생산되는 브랜디를 Cognac이라고 부르며, 원료에 따라 사과 브랜디, 체리 브랜디 등으로 부른다. 브랜디는 숙성기간을 표시하는 것으로 유명하지만, 회사별로 그 의미가 같지는 않다. 숙성기간이 길수록 품질이 우수하다.

Cognac이 워낙 유명하다 보니 브랜디의 명칭을 Cognac으로 대표하여 부르기도 한다.

- V.S.(Very Special)/***(Three Stars): 숙성기간 3년
- V.S.O.P.(Very Special old pale): 숙성기간 15~20년
- Napoleon: 숙성기간의 의미보다는 특제품의 의미가 크다. 자사 제품 중 가장 자신 있는 최상의 제품에만 붙인다.
- X.O.(Extra old)/Extra: 숙성기간 30~50년

[BRANDY]

(5) 보드카(Vodka)

러시아의 국민주로서 무색, 무미, 무취의 증류주이다. 감자를 주재료로 한다고 알려져 있으나 귀리, 호밀, 옥수수 등의 곡물을 이용해서 만들기도 한다.

숙성 과정을 거치지 않기 때문에 생산비가 저렴하고 무색 투명하고 냄새도 없는 특성으로 칵테일의 재료로 널리 사용된다.

(6) 진(Gin)

증류하여 얻은 술에 Juniper berry(노간주나무 열매)를 담갔다가 재증류하여 얻어진 혼성주로 숙성과정 없이 제조된 지 30분 후면 마실 수 있다. 초기에는 약용으로

사용하였으나 점차 기호식품으로 발전하게 되었다. 스트레이트로 마시기도 하지만 드라이 마티니(Drt Martiny), 진 피츠(Gin Fizz) 등의 칵테일의 주원료로 쓰인다.

(7) 럼(Rum)

럼은 사탕수수로 즙을 내어 끓이고 농축하여 추출한 다음 발효해 증류한 술이다.

럼은 알코올 도수가 아닌 맛이나 향의 강약에 따라 Heavy Rum, Medium Rum, Light Rum으로 나뉜다. 다른 재료와 쉽게 섞이는 속성 때문에 Rum coke, Pina colada, Mai tai 등 칵테일로도 즐긴다.

(8) 리큐어(Liquer)

리큐어는 중세 유럽에서 만병통치의 의약용으로 발명된 특이한 역사를 가지고 있다. 혼성주의 일종으로 증류주를 서로 섞거나 재증류하고 여러 가지 약초, 식물의 뿌리, 꽃, 씨앗 등을 용해하여 향미가 나도록 한 것이다. 다른 증류주와는 달리 단맛을 가지고 있는 것이 특징이며 식후주로 가장 널리 애용되며 Cordial이라고 부르기도 한다. 또한 칵테일의 재료로도 사용된다.

대표적인 리큐어 종류에는 Benedictine Cointreau, Creme de Menthe, Drambuie, Grand Marnier, Creme de Cassis Baileys 등이 있다.

[LIQUER]

3) 칵테일(Cocktail)

(1) 칵테일의 특성

두 가지 이상의 술을 섞어 흔들어 마시는 알코올 음료이다. 알코올 도수가 낮아

식욕을 돋궈 주는 식전주로 적합하며 맛, 향기, 색채의 조화로 분위기를 창출하는 예술품이라고 할 수 있다.

(2) 칵테일의 기본요소

① Base

칵테일 제조 시 기본이 되는 주류를 말한다.

② Mixer

기본이 되는 주류와 혼합하는 음료를 말한다. Soda Water, Ginger Ale, Tonic Water 등을 주로 사용한다.

③ Garnish

칵테일의 맛을 더하거나 돋보일 수 있도록 장식하는 것으로 레몬, 오렌지, 체리, 파인애플 등을 사용한다.

[COCKTAIL]

■ Cocktail Chart

NAME	ICE	BASE	MIXER	GARNISH	MIXING
Manhattan	○/X	Bourbon whisky 1.5 oz	Sweet vermouth 0.7 oz	Cherry	Straight로 주문 시는 글라스에 Strain 한다.
Whisky sour	X	Blended whisky 1 oz	Lemon/J 0.3 oz	Lemon/s Cherry	설탕 1 티스푼을 넣고 잘 저은 후, 얼음을 넣고 와인 글라스에 Strain 한다.
Gin fizz	○	Gin 1 oz	Lemon/J 0.3 oz Soda water	Lemon/s	설탕 1 티스푼을 넣고 잘 저은 후, 얼음 3~4개를 넣은 글라스에 Strain 한 후 소다수를 채운다.
Gin tonic	○	Gin 1 oz	Tonic	Lemon/s	Stir
Martini	○/X	Gin 1.5 oz	Dry vermouth 0.7 oz	Olive	Dry로 주문 시는 Gin양을 늘리고 와인 글라스에 Strain 한다.
Orange blossom	○	Gin 1.5 oz	Orange/J 1.5 oz	–	설탕 1/2 티스푼을 넣고 잘 저은 후 얼음을 넣고 와인 글라스에 Strain 한다.
Tom collins	○	Gin 1.5 oz	Lemon/J 0.3 oz Soda water	Lemon/s Cherry	설탕 1 티스푼을 넣고 잘 저은 후, 얼음 3~4개를 넣은 글라스에 Strain 한 후 소다수를 채운다.
Blood mary	○	Vodka 1 oz	Tomato/J	Lemon/s	Worcestershire sauce와 Hot sauce 2~3방울을 떨어뜨린 후 소금, 후추를 첨가하여 Strain 한다.
Screw driver	○	Vodka 1 oz	orange/J	Orange/S	Stir
Kir royal	X	Champagne 8 Tea spoon	Creme de cassis 1 Tea spoon	–	Creme de cassis와 Champagne을 1:8의 비율로 채운다.
Buck fizz	X	Champagne 2.5 oz	Orange/J 2.5 oz	Orange/S	Orange/J를 먼저 넣고 Champagne을 채운다.

(J: Juice, S: Slice)

Cocktail 용어

- Straight: 얼음이나 아무 첨가물 없이 순수 원액을 마시는 것을 말한다.
- On the rocks: 얼음에 원액을 부어 마시는 술을 말한다.
- Chaser: straight나 독한 술 뒤에 마시는 음료를 말한다.(생수, 우유 등)
- Seasoning: 맛을 내기 위해 Tabasco sauce나 Worcestershire sauce 등으로 양념하는 것을 말한다.
- Strain: 걸러 낸다는 뜻으로, 음료를 얼음에 섞어 차게 한 후에 얼음을 걸러 음료만을 따라 내는 것을 말한다.
- Stir: 휘저어 섞는 방법을 말한다.

(3) Cocktail 제조 시 유의사항

① Cocktail은 항상 차게 만든다.

② 얼음을 넣은 Cocktail에는 반드시 muddler를 꽂아 드린다.

③ On the rocks는 2 oz, Straight는 1 oz가 적당하다.

④ 설탕이 들어가는 Cocktail은 충분히 저어 녹인 후 얼음을 넣는다.

⑤ Mixer가 발포성일 경우 너무 많이 젓지 않는다.

⑥ Garnish는 마르지 않은 것을 사용해야 한다.

⑦ 얼음은 깨끗하고 단단한 것을 사용해야 하며 녹은 얼음은 Cocktail을 묽게 하므로 쓰지 않는다.

4) Non-alcoholic beverage

알코올이 함유되지 않는 음료를 말한다.

(1) 청량 음료(Soft drink)

Coke, 7-Up(Sprite), Soda water, Gingerale, Tonic Water 등

(2) 주스(Juice)

Orange Juice, Tomato Juice, Pineapple Juice, Guava, Apple Juice 등

(3) Coffee와 Tea

(4) 생수, 우유 등

Chapter 03

Ground Preparation

학습목표

1. 기내 서비스 용품을 점검하고 문제 발생 시 조치할 수 있다.
2. 특별식에 대해 설명할 수 있다.
2, 지상 서비스 준비를 할 수 있다.

1. 기내 서비스 용품 탑재

객실 승무원은 각 Duty에 해당하는 서비스 준비 업무를 해야 한다. 기내식, 기내 면세품 탑재를 점검하거나 지상 서비스 준비를 한다.

1) 기내 서비스 용품

기내 서비스에 필요한 기내식, 기내 음료, 면세품, 헤드셋, 베개, 담요, 잡지, 신문,

입국 서류 등을 의미한다.

2) 기내 서비스 용품 탑재

승객에게 제공되는 모든 아이템을 기내에 탑재하는 것을 의미한다. 객실 승무원은 탑재된 서비스 용품의 탑재위치, 수량, 사용 가능 여부, 기본적으로 탑재되는 서비스 용품이 해당 비행의 탑승 승객 수와 노선의 특성에 따라 탑재되었는지 확인해야 한다.

2. 기내 서비스 준비

1) 기내식 탑재 및 점검

기내에서 승객에게 제공되는 식사를 의미하여, 클래스별로 다르게 제공된다. 상위 클래스의 경우 코스별로 제공되며 일반석의 경우에는 동시에 제공된다.

기내식 탑재 점검 승무원은 메인디시(Main Dish)를 의미하는 앙트레(entree)와 식사 트레이의 탑재 수량을 점검해야 한다. 앙트레는 오븐에서 가열하기 때문에 식사 트레이와 별도로 탑재되며, 이때 앙트레의 숫자와 식사 트레이의 숫자가 예약된 승객의 수에 맞게 탑재되었는지 확인해야 한다.

특히 트레이 점검 시에는 수량뿐만 아니라, 구성품의 상태(소스, 유제품 등)도 함께 확인해야 한다. 객실 사무장은 각 클래스의 기내식 최종 탑재 현황을 보고받아 취합 후, 케이터링(Catering) 담당자와 재확인한다.

기내식은 일반적으로 서양식을 기본으로 탑재되지만 항공사의 특성에 따라 한식,

일식, 중식, 기타 현지 메뉴가 제공되기도 한다.

최근에는 한식의 인기로 항공사별로 다양한 한식 메뉴가 개발되어 탑재되고 있다.

[식사 트레이 탑재]

[ENTREE 탑재]

(1) 특별기내식(Special meal)

특별기내식은 승객의 건강, 종교, 연령 등의 이유로 탑재되는 기내식으로, 승객의 사전 예약을 통해 주문이 이루어지며, 주문 내용은 S.H.R.(Special Handling Request)을 통해 알 수 있다. 기내식 점검 승무원은 출발 전 탑재 여부를 확인해야 한다.

(2) 특별기내식의 종류

① 종교식

- 힌두교식(Hindu Meal/HNML): No Beef. 쇠고기를 먹지 않는 힌두교도를 위한 식사
- 회교도식(Moslem Meal/MOML): No Pork. 돼지고기를 먹지 않는 이슬람교도의 식사

- 유대교식(Kosher Meal/KSML): 유대 정교 신봉자인 유태인 종교 음식. 유대교 율법에 따라 고유의 전통 의식을 치른 후 만들어진 음식으로 완제품을 구매하여 제공. 밀봉 상태로 서비스 해야 하며 1회용 기물을 사용함

② 채식

- 서양채식(Vegetarian Lacto-Ovo Meal/VLML): 생선류, 가금류를 포함한 모든 육류, 동물성 지방, 젤라틴을 사용하지 않고, 계란 및 유제품은 포함하는 서양식 채식 메뉴
- 엄격한 서양채식(Vegetarian Vegan Meal/VGML): 생선류, 가금류를 포함한 모든 육류와 동물성 지방, 젤라틴뿐만 아니라 계란 및 유제품을 사용하지 않는 엄격한 서양식 채식 메뉴
- 인도 채식(Vegetarian Hindu Meal/AVML): 생선류, 가금류를 포함한 모든 육류와 계란을 사용하지 않고, 유제품은 포함하는 인도식 채식 메뉴
- 엄격한 인도 채식(Vegetarian Jain Meal/VJML): 생선류, 가금류를 포함한 모든 육류와 계란, 유제품을 포함하는 모든 동물성 식품 및 양파, 마늘, 생강 등의 뿌리 식품을 사용하지 않는 엄격한 인도식 채식 메뉴
- 동양채식(Vegetarian Oriental Meal/VOML): 생선류, 가금류를 포함한 모든 육류와 계란, 유제품은 사용이 불가하나 양파, 마늘, 생강 등 뿌리식품의 사용이 가능한 동양식 채식 메뉴로 주로 중식으로 조리함
- 생야채식(Raw Vegetarian Meal/RVML): 생야채 채식주의자에게 제공함. 순수 생야채, 생과일주스, 생야채 주스 등을 제공하며 카페인이 함유된 음료, 첨가물이나 가공식품은 사용이 불가능함

③ 건강식

건강상의 이유로 특별한 식단이 필요한 승객에게 의학 및 영양학적인 전문지식을 바탕으로 구성된 식사 조절식

- 당뇨식(Diabetic Meal/DBML): 열량, 단백질, 지방, 당질의 섭취량을 조절하는 동시에, 식사량의 배분, 포화지방산의 섭취 제한 등을 고려한 식사
- 저자극식(Bland Meal/BLML): 소화장애 환자 또는 수술 후 회복기에 있는 승객을 위한 식사로 제공되며 데치거나 끓이는 방법으로 부드럽게 조리하고 자극성 향신료를 넣지 않고 만든 식사
- 글루텐 제한식(Gluten Intolerant Meal/GFML): 식사 재료 내의 글루텐 함유를 엄격히 제한한 식사
- 저열량식(Low Calorie Meal/LCML): 체중 조절을 목적으로 열량을 제한한 식사
- 저지방/콜레스테롤식(Low Fat Meal/LFML): 저콜레스테롤, 저지방, 심장병, 동맥경화, 비만증 등 성인병 환자에게 제공되며 지방, 육류의 기름기를 제거하고 만든 식사
- 저단백식(Low Protein Meal/LPML): 육류, 계란 및 유제품 등 단백질 식품을 제한하여, 1일 단백질 섭취량을 40g 이하로 제한한 식사
- 저염식(Low Salt Meal/LSML): 심장병, 고혈압 환자를 위한 소금 및 소금이 포함된 제품은 사용하지 않고 만든 식사(1일 염분의 섭취량을 5g 이하로 제한한 식사)
- 고섬유식(High Fiber Meal/HFML): 만성변비 환자에게 제공되며 섬유질이 많은 곡류, 과일, 채소가 많이 든 식사(1일 20~25g의 식이섬유소를 포함)
- 글루텐 제한식(Gluten Intolerant Meal/GFML): 식사 재료 내의 글루텐 함유를 엄격히 제한한 식사
- 유당제한식(Low Lactose Meal/NLML): 우유 내 함유된 유당 소화에 장애가 있는 승객에게 제공되며, 유당을 함유하고 있는 모든 형태의 유제품(우유, 크림, 분유)을 엄격히 제한한 식사
- 저퓨린식(Low Purine Meal/PRML): 통풍이나 요산 결석과 같은 퓨린 대사 장애 환자를 위한 특별식으로 퓨린과 지방을 제한한 식사

④ 유아/아동식

- 유아식(Baby Meal/BBML): 24개월 미만의 유아에게 제공. 이유식, 아기용 주스
- 아동식(Child Meal/CHML): 만 2세 이상 12세 미만의 어린이에게 제공되는 식사로 햄버거, 스파게티, 자장면, 피자 등 다양한 메뉴 중에서 선택

⑤ 기타 특별식

- 해산물식(Seafood Meal/SFML): 생선 및 해산물을 주재료로 하여 곡류, 야채, 과일 등과 함께 제공
- 과일식(Fruit Platter Meal/FPML): 신선한 과일로만 구성된 식사

■ IATA 공식 SPML CODE

CODE	NAME	CODE	NAME
BLML	Bland Meal	DBML	Diabetic Meal
GFML	Gluten-free Meal	HFML	High Fiber Meal
LCML	Low Calorie Meal	LFML	Low Fat Meal
LPML	Low Protein Meal	LSML	Low Sodium Meal
NLML	No Lactose Meal	PRML	Low Purine Meal
AVML	Asian Vegetarian Meal	VGML	Vegan Vegetarian Meal(strict)
VLML	Lacto-ovo Vegetarian Meal	RVML	Raw Vegetarian Meal
HNML	Hindu Meal	KSML	Kosher Meal
MOML	Moslem Meal	BBML	Baby Meal
CHML	Child meal	FPML	Fruit platter Meal
SPML	Macrobiotic Meal	SFML	Seafood Meal

(3) 준비 및 서비스 방법

가. 비행 준비 시 탑재 여부를 확인하고 미탑재 시 케이터링 직원에게 확인하여 탑재 조치하도록 한다.

나. 특별식을 주문한 승객이 탑승하면 승객에게 주문 사실을 확인한다. 해당 Special Meal Tag에 승객의 성명과 좌석번호를 기입, 승객 좌석 Head Seat Cover에 Special Meal Tag 스티커를 부착한다.

다. 식사 서비스 전 승객에게 특별기내식 주문 여부를 재확인 후 일반 식사보다 먼저 제공한다.

2) 기내음료 탑재 및 점검

기내에서 서비스되는 음료를 말하며 생수, 주스, 차, 소프트드링크(soft drink), 알코올 음료, 와인 등을 일컫는다.

대부분의 음료는 음료 카트와 Bulk로 탑재되며 기종별 탑재 위치가 정해져 있다.

음료 종류는 항공사와 노선별 특성에 따라 상이하며 예약된 승객 수를 기준으로 탑재된다.

[음료 카트]

3) 기내 면세품 탑재 및 점검

(1) 면세품 담당 승무원은 비행 전 면세품 관련 업무 지시시항을 반드시 확인하여 객실 브리핑 시 다른 승무원들과 공유해야 한다.

(2) 항공기 탑승하기 전 수납창구에서 기내 판매를 위한 잔돈(Change Money), 머니백(Monet Bag), 승무원용 가격표를 수령한다.

(3) 항공기에 탑승 후 기내 면세품이 탑재되어 있는 카트와 컨테이너의 붉은 색

seal number가 면세품 인수인계서에 기입되어 있는 번호와 일치하는지 확인한다.

(4) 면세품 탑재 리스트에 의거해 기내 면세품의 종류와 수량을 정확히 확인한다.

(5) 보조용품(쇼핑백, POS, 계산기, 영수증 등)의 탑재를 점검한다.

(6) 면세품 탑재 이상 유무를 객실 사무장에게 보고한다.

(7) 면세품 담당자는 분실의 위험이 있으므로 기내 면세품이나 기내 판매 잔돈 등을 두고 자리를 비워서는 안된다.

[Money bag]

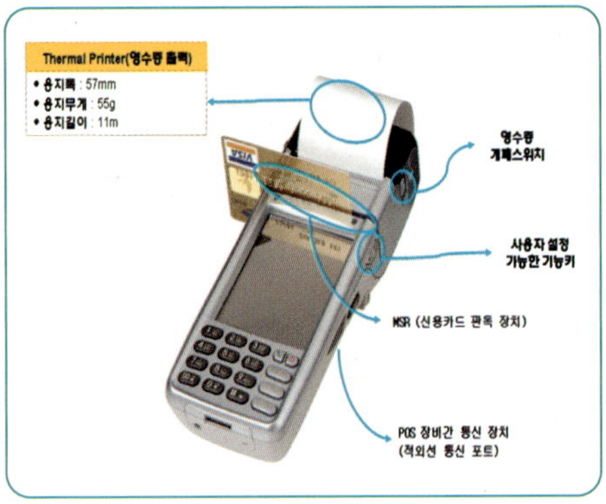

[POS]

POS(Point of sale system)

POS(POINT OF SALE SYSTEM)는 판매시점에서 발생된 모든 판매 관련 데이터를 즉시 수집 종합하여 단순한 계산을 넘어서 여러 종류의 판매 관련 정보를 제공함으로서, 이를 이용하여 판매자가 이후의 의사결정에 도움을 줄 수 있는 판매시점 관리 시스템이다.

4) 기타 서비스 용품 탑재 및 점검

(1) 편의 용품(Amenity Kit)

중 · 장거리 비행 구간에서 승객에게 필요한 편의품으로 칫솔, 치약, 가글, 빗 등이 있다. 상위 클래스의 경우 화장품, 안대, 이어플러그, 양말 등을 추가적으로 포함하여 파우치 형태로 승객에게 제공된다.

(2) 드라이 아이템(Dry Item)

기내 서비스를 위해 탑재되는 소모품을 의미한다.

커피, 티백, 설탕, 크림, 냅킨, 비닐장갑, 쓰레기 봉투, 화장실 용품 등을 컨테이너(container)에 넣어 갤리 내 컴파트먼트(compartment)에 탑재된다.

항공사마다 컨테이너를 carry on box 또는 unit이라 부르기도 한다.

겉면에 내용물에 대한 라벨이 붙어 있다.

(3) 서비스 기물

서비스 기물이란 기내 서비스를 위해 필요한 보조용품 및 도구를 의미하여 카트, 린넨, 트레이, 식기류 등이 있다. 소모품이 아니므로 사용 후에는 탑재된 정위치에 넣어 하기 해야 한다.

① 카트

용도에 따라 Meal Cart, Beverage Cart, 면세품 카트, Serving Cart 등이 있다.

Serving Cart의 용도

일반적인 명칭은 서빙 카트이나 일부 항공사에서는 트롤리(Trolley) 카트라 부르기도 한다.

- 상위 클래스: Meal, Beverage 서비스 및 회수용
- 일반석: 신문 서비스용

[SERVING CART]

카트 사용 시 주의사항

- 카트를 취급할 때는 안정감 있게 두 손으로 잡고, Asile을 지날 때에는 승객이 다치지 않게 주의해야 한다. 카트를 두고 자리를 떠나서는 안된다.
- 카트의 하단에 있는 내용물을 꺼낼 때에는 무릎을 굽혀 자세를 낮추어서 허리에 무리가 가지 않도록 한다.
- 혼자 카트를 취급할 경우, 카트의 진행 방향에 위치하여 이동하고 서비스한다. 서비스시에는 반드시 카트의 붉은색 break pedal을 눌러 고정해야 한다.
  이동 시에는 녹색 pedal을 눌러 break pedal을 푼다.
- 두 명이 카트를 취급하는 경우 진행 방향의 전방에 있는 승무원이 주도하여 카트를 잡고 반대편 승무원은 보조 역할을 한다.
- 카트를 취급할 때는 소음이 나지 않도록 주의한다.

② 트레이(Tray)

트레이는 서비스 용도에 따라 large tray, small tray, 2/3 tray, 상위 클래스용 실버 트레이(silver tray) 등이 있다. 서비스 용도가 다양하므로 탑재 규정에 따라 충분한 수가 실렸는지 확인한다. 서비스 시 트레이에 놓인 물품이 미끄러워 떨어질 수 있으므로 Tray Mat를 깔아 사용한다.

③ Cutley

포크(Fork), 나이프(Knife), 스푼(Spoon), 젓가락 등을 의미하며 일반석은 스테인레스(Stainless), 상위 클래스는 실버(silver) 재질로 되어 있다. 일반석은 식사 트레이에 비닐 포장되어 탑재되며 상위 클래스는 코스에 맞게 개별적으로 서비스한다.

④ 기타 Serving Tool

서비스 시 사용되는 보조 기물을 의미한다.

- Tongs: Towel tong, Ice tong, Bread tong
- 오븐 장갑

- Wine opener: 와인 오픈 시 사용한다.
- Ice scoop
- Ice bucket
- Stopper
- Pot: 커피나 차 서비스 시 사용한다.
- Basket: Bread Basket, Towel Basket

[POT]

[BASKET]

4. 지상 서비스 준비

승객 탑승 후 지상에서 제공되는 서비스를 준비한다.

지상 서비스는 클래스별로 상이하며 장거리 비행 기준으로 신문 및 잡지, 헤드폰 등을 기본으로 서비스하며 상위 클래스는 환영 음료(welcome drink) 및 편의 용품 등을 제공한다.

1) 신문 서비스/잡지 서비스

- Serving Cart를 이용하여 신문의 제호가 보이도록 준비, 항공기 밖 Bridge(탑승교) 또는 Step Car 상단에 비치한다.
- 잡지는 각 ZONE의 Magazine Rack에 종류별로 제호가 보이도록 가지런히 Setting한다. Setting 전과 비행 중 Magazine Rack에 이물질 여부를 확인한다.

2) 화장실 용품 세팅

- 화장실 용품(스킨, 로션, 칫솔, Sanitary Napkin, Roll Paper, 화장지, 변기커버)이 충분히 탑재되었는지 확인한다.
- 화장실 Compartment 내에 여분의 화장실 용품을 충분히 Setting해 둔다.
- 스킨, 로션은 Logo를 정면으로 오게 하여 홀더에 Setting한다.
- Roll Paper는 사용하기 쉽게 끝 쪽을 앞으로 하여 삼각형으로 접어 두며, 화장지는 뽑아 쓰기 쉽게 뽑아 놓는다.

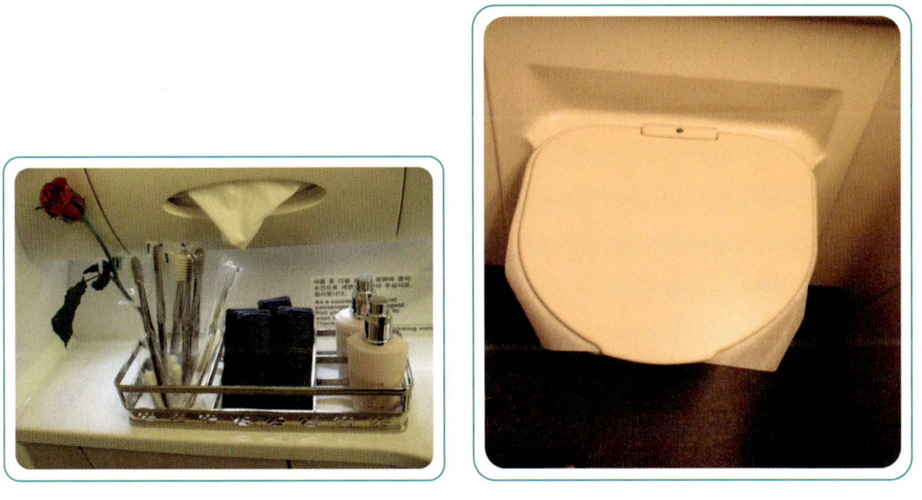

[LAV SETTING]

3) 헤드폰(Headphone) 준비

- 기내 Entertainment 시스템을 즐기기 위한 편의 용품으로 중·장거리 노선에서 제공된다.
- 승객 탑승 전 좌석 앞 Seat pocket 안에 미리 Setting한다.
- 시간이 부족하여 미리 Setting하지 못한 경우, 승객 탑승이 90% 이상 완료되면 서빙 카트나 트레이, Drawer를 이용하여 서비스한다.

4) 입국카드 준비

- 목적지 국가의 C.I.Q 절차 및 입국 서류에 대해 탑승 근무 전 정확한 내용을 숙지하여 안내에 차질이 없게 한다.
- 입국 서류는 담당 승무원이 기내에 탑재되었는지 확인하고(담당 객실 승무원이 직접 픽업하는 경우도 있음) 최종 확인은 객실 사무장이 한다.
- 중·장거리 비행일 경우에는 이륙 후 서비스를 하고 있으나 비행 시간이 짧은 구간일 경우 승객 탑승 중 입국 서류 서비스를 진행할 수 있다.
- 서비스 시 승객의 Transit 여부나 최종 목적지를 확인한 후 적합한 목적지 입국 카드를 드린다.
- 목적지 도착 전 입국 서류에 대한 안내 방송을 실시한 후, 입국 서류 작성 확인 서비스를 실시한다.

5. 승객 탑승(Boarding) 준비

- 객실 사무장은 기장에게 승객 탑승 허가를 받은 후 전 승무원에게 탑승 시작을 알리고 지상 직원에게 Boarding Sign을 준다.
  국제선 비행 승객 탑승 시간은 항공기 기종에 따라 차이가 있으나 대부분 출발 30~40분 전에 시작한다.
- 객실 승무원은 탑승 시작 2분 전 담당 구역의 오버헤드빈(Overhead bin)을 모두 열어 두고 스탠바이 한다. 객실 사무장은 Boarding Music을 작동하고 볼륨이 너무 작거나 크지 않게 조절한다.

PART III

이륙 전 업무

Chapter 01

승객 탑승 중 업무

학습목표

1. 탑승권을 확인하고 좌석 안내를 할 수 있다.
2. 승객의 기내 수하물을 보관할 수 있다.
3. 특수 승객의 탑승을 도와드릴 수 있다.

1. 승객 탑승

1) 인사

(1) 승객 탑승 전 담당 구역의 Boarding 위치에서 대기한다.

(2) 밝은 표정으로 인사하며, 진심으로 환영하고 있다는 느낌이 전해질 수 있게 한다.

(3) 특히 도어에서 탑승 담당 승무원의 인사는 가장 중요하며 그날의 서비스를 좌우하기도 한다.

2) 좌석 안내

(1) 탑승구 담당 승무원은 승객의 탑승권을 확인하고 좌석을 확인 후 L(left)Side 와 R(raft)Side를 신속하게 안내한다.

① 탑승구 담당 승무원은 기내 보안 규정에 따라 승객의 탑승권을 반드시 재확인 해야 한다.

② 비행기의 탑승권에는 다양한 정보가 표기된다.

- 탑승자 성명
- 출발지와 도착지
- 출발 일자
- 편명 및 좌석번호
- 항공사 Membership 번호, 탑승 횟수, 마일리지 등

③ 탑승권의 종류에는 공항에서 발급되는 종이 탑승권 외에 전자 탑승권, 디지털 탑승권 등이 있다.

[디지털 탑승권]

(2) 담당 구역에서 좌석을 안내할 때는 신속하게 좌석을 안내하여 통로(Aisle)에서 승객들이 오래 대기하지 않게 한다.

(3) 좌석 안내 시 서비스 기본 동작(Service Standard Motion)을 취한다.

① 탑승권(Boarding pass)을 주고받을 때는 양손을 가지런히 하여 공손하게 받고 건넨다.

② 방향을 가리킬 경우, 다섯 손가락을 가볍게 모아 손바닥 전체를 비스듬히 위로 향하게 한다.

③ 앞장서서 안내할 경우, 수시로 뒤를 돌아보며 승객과 적정한 보조를 맞춘다.

④ 통로에서 승객과 마주칠 경우 가벼운 목례와 함께 미소 지으며 한쪽으로 비켜 선다.

(4) 비상구 좌석 안내

① 비상구에 착석하는 승객은 비상상황이 발생했을 경우, 객실 승무원을 도와 비상 탈출을 도와주겠다고 동의를 한 승객에게 우선 배정해야 한다.

② 먼저 비상구 착석이 가능 승객인지 확인하고 임신부, 장애인, 15세 이하, 승객 브리핑 가드를 이해할 수 없는 승객이 배정되었을 경우 객실 사무장에게 보고하고, 지상 직원에게 알려 좌석을 옮겨 드린다.

③ 담당 승무원은 비상구 착석 승객에게 비상 탈출 시 해야 할 업무를 브리핑하고 동의를 구한다.

승객 탑승 순서

1. 직원의 도움이 필요한 승객
2. VIP, CIP 승객
3. 일등석 승객
4. 비즈니스석 승객
5. 일반석 승객

환영 인사말

- 안녕하십니까? 어서 오십시오.
- 탑승을 환영합니다.
- 반갑습니다.
- 좋은 아침입니다.
- 탑승권을 보여 주시겠습니까?
- 손님 좌석은 이쪽입니다.
- 손님 좌석은 저쪽입니다.
- 손님 좌석은 건너편 통로 앞쪽(뒤쪽)입니다.

좌석 중복(Dupe Seat)이 발생할 경우

- 좌석 중복으로 판명될 경우에는 우선 승객에게 정중히 사과하고 나중에 탑승한 승객에게는 가까운 승무원 좌석에서 잠시 기다리도록 안내한다.
- 사무장에게 보고하여 지상 직원으로부터 좌석 재배정을 받은 후 재배정된 승객을 안내한다.
- 좌석에 여유가 있는 경우 나중에 탑승한 승객을 선호 좌석으로 배정하며, 이륙 후 해당 승객에게 다시 사과하여 After Care한다.

3) 기내 반입 수하물 보관 및 안내

(1) 승객이 기내에 반입하는 휴대 수하물에 대한 운반, 보관 및 관리는 승객이 직접 수행하는 것이 원칙이다. 객실 승무원은 승객이 휴대 수하물을 적절하게 보관 및 관리할 수 있도록 안내하고 요청한다. 승객의 휴대 수하물은 오버헤드빈(Overhead bin)이나 앞 좌석 밑에 보관하도록 한다.

(2) 가벼운 물건은 오버헤드빈(Overhead bin)에, 깨지기 쉬운 물건이나 무거운 물건은 좌석 밑에 보관하도록 안내한다.

(3) 자켓이나 코트 등은 구겨지지 않게 잘 접어 오버헤드빈(Overhead bin)에 보관해 드린다. 코트룸(Coat room/CLOSE)이 있는 경우, 옷걸이를 이용해 걸어 드린다. 중요 소지품은 별도 보관하도록 안내한다.

(4) 노약자, 장애인 손님, 어린이를 동반한 승객의 경우 휴대 수하물 보관 및 관리를 적극적으로 도와드린다.

(5) 비상구 앞과 복도에 짐이 놓이지 않도록 한다.

(6) 승객의 짐을 따로 보관할 경우, 내용물을 확인해 적절한 장소에 보관될 수 있도록 하며, 짐에 손님의 좌석번호를 적은 tag을 붙이고, 이 사실을 다른 승무원들에게도 알려 정보를 공유한다. 언제, 어디에서 돌려받으실 수 있는지 안내해 드린다.

(7) 휴대가 불가능한 짐(Oversized baggage)을 발견하였을 경우 손님에게 화물칸에 보관해야 함을 안내해 드리고, 귀중품이나 여권 등 깨지는 물건이 없는지 확인한다. 좌석번호와 성함을 확인한 후 짐을 DOOR로 가지고 가서 객실 사무장에게 상황을 보고한다. Baggage에 tag을 붙여 지상 직원이 CARGO로 짐을 보낸다. TAG의 뒷장을 손님께 드리며 수하물 찾는 곳(BAGGAGE CLAIM AREA)에서 찾을 수 있음을 알려 드린다.

수하물 선반(Overhead bin) 사용 시 주의 사항

•O. H. B.을 열 때

주의의 승객에게 '실례합니다. 잠시 머리 위 선반을 열어도 되겠습니까?' 하고 양해를 구한 후, 선반을 열 때는 갑자기 나올 수 있는 물건에 대비하여 조금 열어 육안으로 안전 여부를 확인 후 조심스럽게 다른 손을 받혀 연다.
(열려져 있는 쇼핑 봉투/겹쳐진 채 큰 가방이 올려져 있는지 확인)

• O. H. B.을 닫을 때 유의사항

오버헤드빈의 수하물이 안전하게 배치되어 있는지 확인 후 닫고, 닫은 후에 다시 한번 선반이 잘 닫혔는지 확인한다.
(가방, 손잡이 부분이 밖으로 나와 있는 경우/오버히드빈이 비스듬히 닫힌 경우)

4) 특수 고객(Special Passenger) 지원

항공사는 도움이 필요로 하는 승객에게 예약부터 항공기 하기까지 전 분야에 걸쳐 특별 서비스를 제공한다. 객실 승무원은 특수 고객 외에도 주변에 앉은 승객들이 편안한 여행을 할 수 있도록 최선을 다해야 한다.

(1) 비동반 소아(Unaccompanied Minor)

- 보호자 없이 혼자 여행하는 만 5세 이상 만 12세 미만의 어린이를 말한다.
- UM의 보호자는 출발지 공항에서 '비동반 소아 신청서'를 작성하며 공항직원에게 인계한다.
- UM은 지상 직원의 안내를 받아 일반 승객보다 먼저 탑승한다. 객실 사무장에게 UM 관련 서류 및 기내 반입 수하물을 상호 확인한다.

- UM 담당 승무원은 UM을 좌석까지 안내하고 짐정리를 도와주며, 화장실 위치와 좌석 설비 사용법을 알려 주고 어린이 기념 선물(Give-away)를 제공한다.
- 반말 사용은 금하며 적당한 호칭을 사용한다.
- 비행 중 수시로 관심을 가지고 케어하며, 하기 시 지상 직원에게 인계한다.

(2) 유아 동반 승객

- 유아를 동반한 승객은 짐이 많을 경우가 많다. 따라서 탑승할 때부터 담당 승무원의 적극적인 도움이 필요하다.
- 기내용 아기 바구니(baby bassinet)가 필요한지 확인하고, 이륙 후 장착해 드린다고 안내해 드린다(baby bassinet 장착이 가능한 좌석일 경우).
- 쓰레기를 처리할 수 있는 플라스틱 백을 드리고, 기저귀 교환대가 설치된 화장실을 안내해 드린다.
- 비행 중 수시로 관심을 가지고 협조한다.

(3) 휠체어(Wheelchair) 승객

- 휠체어 승객은 일반적으로 먼저 탑승하고, 도착 후 하기 시에는 나중에 하기한다.
- 휠체어 승객에게는 일반적으로 통로 측 좌석을 우선 배정한다.
- 기내용 휠체어가 준비되어 있음을 알려드리고, 화장실을 이용하실 때 사용을 도와드린다.
- 비행 중 수시로 관심을 가지고 도와드리고, 착륙 후에는 승무원의 안내가 있을 때까지 자리에서 대기할 수 있도록 안내하며, 도착 후 지상 직원에게 인계한다.

(4) 시각장애(Blind) 승객

- 성인 승객이나 인도견이 동반하는 경우, 일반 승객과 동일하게 간주한다.
- 성인 동반자가 없는 경우, 담당 승무원은 기내 시설물 사용법, 위치 및 기타 필요한 정보를 안내한다.
- 비행 중 불편한 점이 없는지 수시로 살핀다.
- 식사 서비스 시 기내식에 관한 내용을 설명하고 필요시 도와드린다.
- 지팡이를 짚고 있는 경우에는 반대편에 위치하여 도와드리며, 승객이 승무원의 뒤에서 걷도록 한다. 보행 시 도움이 필요한 경우, 승무원의 팔을 잡도록 하며, 신체를 접촉해야 할 경우 승객의 팔이나 어깨를 만지도록 한다.
- 착륙 전 비행 정보를 안내하고, 착륙 후에는 지상 직원에게 인계한다.

(5) 청각 장애(Deaf) 승객

- 성인 동반자가 있는 경우 일반 승객과 동일하게 간주한다.
- 해당 승객에게 말을 할 때에는 Eye Contact을 유지하고 과장되게 몸짓으로 표현하거나 목소리를 크게 내지 않도록 주의한다.
- 항공기 안전 관련 개별 브리핑을 실시하고, 입 모양으로 정확하게 안내해야 하며 필요할 경우 글이나 그림 등으로 설명한다.

(6) 반려동물 동반 승객

- 국내 항공사는 생후 8주 이상의 개, 고양이, 애완용 새에 한하여 승객 1인당 1마리의 반려동물을 기내에 반입할 수 있다.
- 목적지 국가 또는 기종에 따라 운송 제한이 있을 수 있으므로 여행 전에 반드시 확인해야 한다.
- 기내 반입이 가능한 반려동물은 반드시 운송 용기(Cage) 안에 있어야 하며, 이륙이나 착륙 시에는 승객 좌석 하단에 보관해야 한다.

- 기내에서는 반려동물을 꺼내거나 안고 갈 수 없으며 물 외에는 음식물을 제공해서는 안된다.
- 객실 승무원 은 비행 중 수시로 기내를 순회하며 반려동물 동반 승객 주위의 승객들이 불편한 점이 없는지 관심을 가지고 세심하게 배려해야 한다.

승객 탑승 후 업무

Chapter 02

학습목표

1. 비상구열 좌석 브리핑을 할 수 있다.
2. 세이프티 체크를 할 수 있다.
3. 승객 브리핑 시연을 할 수 있다.
4. 이륙 전 안전 업무를 할 수 있다.

1. 비상구열 좌석 브리핑

1) 비상구에 착석하는 승객은 비상상황을 대비하여 객실 승무원을 도와 비상 탈출을 도와주겠다고 동의를 한 승객에게 우선 배정해야 한다.

2) 먼저 비상구 착석이 가능 승객인지 확인하고 임신부, 장애인, 15세 이하, 승객 브리핑 가드를 이해할 수 없는 승객이 배정되었을 경우 사무장에게 보고하고, 지상 직원에게 알려 좌석을 옮겨 드린다.

3) 담당 승무원은 비상구 착석 승객에게 비상 탈출 시 해야 할 업무를 브리핑하고 동의를 구한다.

비상구열 좌석 브리핑 예시(한국어)

안녕하십니까?
지금 앉아 계시는 좌석은 비상구 좌석이므로 비상시 승무원을 도와 탈출을 도와주셔야 합니다. 동의하십시까?(승객의 동의 후)
비상구는 항공기 외부 상황이 문제가 없고 승무원의 지시가 있을 경우에만 개방하실 수 있습니다. 자세한 사항은 브리핑 카드를 참고해 주시기 바랍니다.(브리핑 카드를 꺼내 승객에게 드린다.)

2. DOOR CLOSE

객실 사무장은 지상 직원으로부터 승객 탑승완료를 통보받은 후 기장에게 알려 출발에 필요한 조치를 취하도록 한다.

(국내 항공사는 항공기 보안 규정에 의해 Head Count를 실시하여 지상 직원과 탑승객 숫자를 상호 확인한다. 탑승구가 1개인 경우, 승객 탑승과 동시에 Head Count가 이루어지기 때문에 탑승 완료 후 상호 확인한다. 탑승구가 2개 이상일 경우 탑승이 끝나면, 담당 구역 객실 승무원이 각 Zone의 탑승객 숫자를 Count하며 취합한 숫자로 확인한다.)

1) 승객 탑승 완료

객실 사무장은 승객 탑승이 완료되면 입항에 필요한 서류를 지상 직원에게 인계받은 후 기장에게 보고 후 동의하에 Door close를 실시한다.

(기장님, 000명 탑승 완료되었습니다. Door Close해도 되겠습니까?)

2) DOOR CLOSE 전 점검 사항

- 승객 탑승 완료 확인
- 승객 착석 완료
- Overhead bin 닫힘 상태 확인
- 휴대 수하물 보관 상태 확인

3) 안전 점검(Safety Check)

객실 사무장은 항공기 도어를 닫고 난 후 Safety Check을 객실 승무원에게 지시한다.

Safety Check은 Door에 장착된 Door의 Mode를 변경하는 절차이다.

즉, Door Close 후 Boarding Bridge 또는 Trap이 항공기와 분리된 직후, 사무장의 지시에 따라 담당 승무원이 비상 상황이 발생했을 경우, 슬라이드를 이용한 탈출에 대비하여 Door Mode를 정상위치에서 팽창위치로 변경하는 것을 말한다.

(항공기가 목적지에 도착 후 Safety Check은 팽창 위치에서 정상 위치로 변경하는 행위를 의미한다.)

항공기 DOOR에는 비상시에 항공기로부터 안전하게 승객들과 승무원이 탈출할 수 있도록 Slide가 장착되어 있다. 기종에 따라 슬라이드 모드를 변경하는 방법이 다르므로 비행 전 반드시 해당 기종의 슬라이드 모든 변경 방법을 숙지해야 한다.

객실 승무원은 사무장의 Safety Check 지시에 따라 Door Mode를 팽창위치로 변경 후 L Side, R Side 승무원이 상호 확인하고 객실 사무장에게 최종 보고한다.

Safety Check 절차

- 객실 사무장이 인터폰이나 PA를 사용하여 Safety Check을 지시한다.
  예시1) "Cabin Crew, Safety Check & Cross Check"
  예시2) "Cabin Crew, Door side stand by. Change slide mode armed(disarmed) position."
- 객실 승무원은 Door mode를 변경한다.
- 건너편 객실 승무원과 상호 확인 후 Safety Check 완료를 사무장에게 인터폰이나 PA를 사용하여 구두로 보고한다.
  예시1) "L3 Safety Check"
  예시2) "No 3 door clear"

4) Push Back

Push Back이란, 항공기가 출발을 위해 움직이는 것을 말한다.

견인차(Towing Car)가 항공기를 뒤로 밀고 난 후 항공기는 지상 이동을 위해 자력으로 움직이기 시작한다.

객실 사무장은 Safety Check이 완료되면 기장에게 "객실 준비 완료"를 보고하고 운항 승무원은 Push Back을 준비한다.

3. 환영 인사(Welcome Greeting)

- 객실 승무원은 Safety Check 완료 보고가 끝나면, 담당 구역에서 정해진 위치에서 대기한다.
- 방송 담당자의 Welcome 방송과 함께 밝은 미소로 정중히 인사한다.

4. 승객 브리핑(Passenger Briefing)

- 승객 브리핑이란, 산소 마스크, 구명복 등의 비상 장비 사용 및 비상탈출에 관한 안내로 매 비행 시마다 반드시 실시해야만 한다.
- 비디오 상영을 기준으로 하나, 장비가 설치되어 있는 않은 항공기는 객실 승무원이 직접 시범을 보인다.
- 지정된 위치에서(비상구 주변) 정확하고 절도 있는 동작으로 실시하며 시연이 끝난 후에는 구명복을 착용한 채로 장비를 챙겨 담당 구역별로 Aisle을 통과하며 승객의 벨트 착용 및 안전에 대한 안내를 하면서 갤리로 돌아가 승객 브리핑 시연 장비를 정리한다.

승객 브리핑 시연

(승객 브리핑 방송 시작 전 시연 담당 객실 승무원은 데모 장비를 미리 세팅한다.)
손님 여러분,
지금부터 비상 장비와 비상구 이용 방법에 대해 안내해 드리겠습니다.
(인사)
Ladies and gentlemen, this is the passenger safety briefing.

이 비행기의 비상구는 모두 (   )로 앞과 뒤, 좌우에 있습니다.
(양팔을 뻗어 비상구를 가리키고 뒤쪽 비상구를 가리킨다.)
There are (   )exits in the aircraft for emergency evacuation.

비상시 비행기의 전원이 꺼질 경우, 비상들을 따라 탈출해 주십시오.
(정면을 보고 왼손은 뒤로하고 오른손을 45도 정도 들어 복도의 비상등을 가리킨 후 다시 팔을 원위치 한다.)
가장 가까운 비상구 위치를 확인하시기 바랍니다.
(바닥에 있는 좌석 벨트를 양손으로 집어 들고 일어난다.)
In case of emergency evacuation, please follow the emergency lights in the cabin.

좌석 벨트 사인이 켜지면 좌석 벨트를 매 주십시오.
(좌석 벨트를 양 손에 끼워 승객에게 Showing 한다.)
Please fasten your seatbelt, when the seatbelt sign is on.

벨트는 버클을 끼워 몸에 맞게 조이시고, 풀 때는 덮개를 들어 올리면 됩니다.
(방송에 맞춰 시연)
To fasten the seatbelt, insert the metal tong into the buckle and pull the loose and tightening. To release the seatbelt lift the metal cover.

산소 공급이 필요한 경우, 산소 마스크는 머리 위 선반에서 저절로 내려옵니다.
(산소 마스크를 들어 Showing 후, 한 손으로 선반 아래에서 떨어뜨린다.)
마스크가 내려오면 앞으로 잡아당겨 착용하신 후 끈을 머리에 맞게 조여 주십시오.
(마스크 착용하고 끈을 조이는 동작을 한다.)

In case of decompression, oxygen masks will drop. Pull the mask to you and cover your nose and mouth with the mask, then adjust the head band.

어린이를 동반한 승객은 먼저 착용하신 후, 어린이의 마스크 착용을 도와주시기 바랍니다.
(마스크를 착용한 채 좌 · 우로 돌려 승객에게 Showing 한 후 내려서 목에 건다.)
Please put your mask on first and then help your child.

또한, 비행기가 바다에 내렸을 경우 사용하실 수 있는 구명복은 여러분의 좌석 또는 팔걸이 아래에 있습니다.
(바닥에서 구명복을 들고 일어나 Showing 후, 한쪽 팔로 구명복 위치를 가리킨다.)
In case of a water landing, a life vest is located under your seat(or beside your seat).

구명복은 머리 위에서 입으시고 끈을 허리에 감아 앞에 있는 고리에 끼워 조여 주십시오.
(구명복을 입고 버클 끼우고 조이는 동작을 한다.)
To put the vest on, slip it over your head place the strap around your waist and fasten. Tighten your vest by pulling down on the strap.

구명복은 아래 있는 손잡이를 당기시면 부풀어집니다.
(양 손가락에 고리를 끼워 Showing 후 당기는 동작을 한다.)
충분히 부풀지 않을 때는 양쪽에 있는 고무관을 불어 주시고, 구명복은 반드시 비상구 앞에서 탈출 직전에 부풀려 주십시오.
(양쪽 고무관을 꺼내 부는 동작 실시 후 좌석에 앉아 브리핑 카드를 들고 일어난다.)
To inflate the vest, pull down on the tabs. For more air blow into the tubes on each side of the vest.

자세한 내용은 좌석 앞 주머니 속에 있는 안내문을 참고하십시오.
(브리핑 카드를 양손으로 모서리를 잡은 후 좌 · 우, 정면 Showing 후 앞으로 가져온다.)
Please review the safety information card.

아울러 비행기 내에서의 흡연은 엄격히 금지되어 있음을 알려 드립니다.
(바닥에 있는 장비를 정리하여 일어난다.)
감사합니다.
(인사)

Ladies and Gentleman,
At this time please return your seat back and tray table upright.
Please note smoking is not allowed during the flight.
Thank you.

5. 이륙 전 준비(Preparation for take-off)

객실 승무원은 다음과 같이 비행 안전에 대한 사항을 재점검한 후 지정된 Jump Seat에 착석한다.

1) 객실(Cabin)

(1) 좌석 벨트 착용 상태 확인
(2) 좌석 등받이, 발받침, 좌석 팔걸이, 테이블의 원위치 확인
(3) 창문 커튼(Window Shade)이 열려 있는지 확인
(4) 모든 짐이 안전하게 보관되어 있는지 확인
(5) 오버헤드빈의 잠김 상태 확인
(6) 비상구 주변과 복도(Asile)에 짐이 없는지 확인
(7) 객실 조명 DIM으로 조절

2) 화장실(Lavatory)

(1) 승객 유무 확인

(2) 변기 뚜껑 닫힘 상태 확인

(3) 화재 위험 여부 확인

3) 갤리(Galley)

(1) 갤리 내 모든 카트와 컴파트먼트(Compartment/carry on box) 잠김 상태 확인

(2) 갤리 내부에 고정되어 있는 물건이 없는지 확인

(3) 갤리 커튼 오픈

(4) 갤리 조명 DIM으로 조절

6. Jump Seat 착석

- 이륙을 위한 안전 점검이 끝난 객실 승무원은 지정된 Jump Seat에 착석한다.
- 좌석 벨트와 어깨끈(Shoulder Harness)를 반드시 착용한다.
- 30 Seconds Review를 실시한다.

30 Seconds Review

항공기 이 · 착륙 시 발생 가능한 비상 사태를 스스로 가상하고 객실 승무원 자신이 해야 할 행동을 약 30초 동안 구체적으로 연상하는 것을 의미한다.

- 비상 장비 위치 및 작동법
- 비상구 위치 및 작동법
- 비상 탈출 순서
- 비상 탈출 시 객실 승무원을 도와줄 수 있는 승객
- 비상 탈출 시 도움이 필요한 승객
- 충격 방지 자세 샤우팅(Shouting)

- 객실 사무장은 이륙 시그널(Take- off Sign)이 나오면 이륙 방송을 하고 인터폰을 통해 기장에게 이륙 준비 완료를 보고한다.

PART IV

실습(Role Play)

Chapter 01

Individual role-playing

학습목표

1. 이륙 전 업무를 시점별로 설명하고 세부 업무를 할 수 있다.
2. 실습 전 최종 점검을 할 수 있다.

1, 이륙 전 업무 절차(Procedure) 리뷰(Review)

절차에 맞춰 개인별 실습을 준비한다.

업무 절차에 해당하는 세부 업무 내용을 작성한다.

업무 절차	세부 업무 내용
Show Up	
비행 준비	
공항 이동	
항공기 탑승	
비행 준비	
승객 탑승	
이륙 전 준비	
이륙	

2. 개인별 실습 점검표

항공기 탑승 후부터 이륙 전까지 업무를 최종 점검한다.

■ 최종 점검표

PROCEDURE	준비사항	수행 점검사항	Role Play
승무원 짐 정리	☑ 승무원 가방	☑ 오버헤드빈 ☑ 코트룸 ☑ 좌석 하단	
비상 장비 점검	☑ 비상 장비 ☑ 승무원 좌석	☑ 객실 브리핑 ☑ 객실 정보 공유	
보안 점검	☑ 사무장 지시 방송 ☑ Duty Station ☑ 비상벨	☑ 승객 좌석 구명복 ☑ 화장실 연기 감지기 ☑ 비상벨 작동	
청소 상태 점검	☑ 담당 구역 ☑ 승객 좌석	☑ 승객 좌석 Seat pocket	
통신 시스템 점검/ 객실 조명 점검	☑ PA ☑ 인터폰 ☑ Cabin attendant panel	☑ PA 테스트 ☑ 조명 조절	
화장실 설비/ 갤리 설비 점검	☑ 화장실 설비 ☑ 갤리	☑ Lavatory 설비 작동 ☑ 오븐, 워터보일러, 커피메이커 작동 상태 ☑ 컴파트먼트 locking 상태 점검	
승객 좌석 설비 점검	☑ IFE ☑ PSU	☑ IFE 작동 점검 ☑ PSU 작동 점검	
객실 용품 탑재 점검 및 보고	☑ 서비스 용품 ☑ 기물	☑ Meal 탑재 점검 및 보고 ☑ 기타 서비스 용품 점검 및 보고	
지상 서비스 준비	☑ 서빙 카트 ☑ 신문/잡지 ☑ 화장실 용품	☑ 신문/잡지 세팅 ☑ 화장실 용품 세팅	
승객 탑승 (출입구)	☑ 탑승권	☑ 오버헤드빈 열기 ☑ 탑승권 확인	

PROCEDURE	준비사항	수행 점검사항	Role Play
좌석 안내	☑ 탑승권	☑ 좌석 안내 대화법 ☑ 스탠다드 모션	
수하물 안내	☑ 기내 반입 수하물 ☑ 깨지기 쉬운 물건	☑ 오버헤드빈 수하물 보관 ☑ 좌석 앞 하단 짐 보관	
비상구 좌석 안내	☑ 비상구 좌석 ☑ 브리핑 카드	☑ 비상구 브리핑 실시	
도어 클로즈/ Safety Check	☑ 항공기 도어 ☑ Ship pouch ☑ PA/인터폰	☑ 도어 모드 변경 ☑ 사무장에게 보고	
환영 인사	☑ 기내 방송문	☑ 방송 실시 ☑ 환영 인사 실시	
승객 브리핑	☑ 모니터 ☑ 데모 장비	☑ 승객 브리핑 영상 ☑ 승객 브리핑 시연	
이륙 전 준비	☑ 객실 ☑ 갤리 ☑ 화장실	☑ 객실 점검 ☑ 갤리 점검 ☑ 화장실 승객 유무 점검	
승무원 착석	☑ 승무원 좌석 (Jump seat)	☑ 승무원 좌석 착석(30 seconds review)	

Chapter 02

Group role-playing 준비

학습목표

1. 성공적인 팀 실습을 위한 준비를 한다.
2. 퍼포먼스 플랜을 구체적으로 구상한다.

1. 팀 구성하기

1) 교수자가 임의로 팀을 구성하는 방법, 학습자들의 제비뽑기, 자동 팀 짜기 등 학습자들이 합의된 방법으로 6~7명으로 팀을 구성한다.

2) 팀 빌딩(Team Building)

(1) 팀 명을 만든다.

팀 명은 항공사의 특색이 나타날 수 있게 작명한다.

(2) 팀 구호를 만든다.

(3) 각 팀은 팀원들의 적극적인 활동을 위하여 팀 룰(rule)을 만들어 팀원들의 협력을 도모한다.

2. 프로젝트 주제 제시 및 목표 설정

1) 프로젝트 주제

"이륙 전 업무 시연하기"

2) 목표 설정

(1) 프로젝트 수행 시 일어날 수 있는 문제를 예측하고 해결한다.

(2) 세부 계획

프로젝트 성공을 위한 세부 계획을 수립한다.

▪ 팀 빌딩(Team Building)

명단	
이름	성격(장/단점)

팀 명(항공사 특성 살리기)

팀 구호(팀 구호의 의미 설명)

팀 룰(Rule)

3. Performance Plan 구성

1) 객실 브리핑 구상하기

- 항공사 선정

  국내외 항공사 및 가상의 항공사

- 기종

  중·장거리 노선이 가능한 Wide body

- 편명 및 노선

  국제선 중·장거리 노선

- 비행 정보

  비행 시간, 날씨, 탑승객 수, 기본 비행 정보

- 승무원 Duty 부여

  직급에 따른 세부 업무 작성

- 안전 및 보안 사항

  공유해야 할 안전 사항, 보안 단계에 따른 보안 사항

- 특수 승객

  VIP, 도움이 필요로 하는 승객, 그 밖의 특수 승객

- 최신 공지사항

  회사 업무 공지사항

2) 듀티 부여하기

- 직급 정하기

  사무장 선정하기. 듀티 코드 만들기

• 세부 업무

- 안점 점검/보안 점검
- 기내 방송 담당
- 각 갤리 Meal 탑재 점검, 탑재량 및 이상 유무 보고
- 객실 용품 탑재 점검
- 면세품 담당
- 지상 서비스 준비
- 출입구 탑승 인사
- 담당 구역 좌석 안내
- 수하물 안내
- 비상구 좌석 브리핑
- 특별식 확인
- 승객 브리핑 시연

■ Performance Plan [ ]반 [ ]

Flight No.		출 · 도착 시간	
운항구간	/	기종/ 등록번호	

비행 정보(FLT Information) (비행시간, 운항정보, 탑승객 인원, VIP, SPCL ML 등)

객실 승무원 명단(Crew List) 및 업무 할당 (Duty Assignment, 단, 모든 승무원이 서비스에 참여해야 함.)				
직급	J/S	성명	Duty	세부 담당 업무
Crew1	L1		PURSER	
Crew2				
Crew3				
Crew4				
Crew5				
Crew6				
Crew7				
Crew8				
Crew9				
Crew10				

객실 브리핑

안전 업무 및 공지사항

기타 특별 사항

■ Performance Plan [ ]반 [ ]

Flight No.		출 · 도착 시간	
운항구간	/	기종/ 등록번호	

비행 정보(FLT Information) (비행시간, 운항정보, 탑승객 인원, VIP, SPCL ML 등)

객실 승무원 명단(Crew List) 및 업무 할당 (Duty Assignment, 단, 모든 승무원이 서비스에 참여해야 함.)				
직급	J/S	성명	Duty	세부 담당 업무
Crew1	L1		PURSER	
Crew2				
Crew3				
Crew4				
Crew5				
Crew6				
Crew7				
Crew8				
Crew9				
Crew10				

객실 브리핑

안전 업무 및 공지사항

기타 특별 사항

Chapter 03

Group role-playing

학습목표

1. 듀티에 따른 세부 담당 업무를 알고 수행할 수 있다.
2. 문제 발생 시 주도적으로 해결할 수 있다.
3. 성공적인 이륙 전 업무를 수행할 수 있다.

■ 프로젝트 수행을 위해 팀원별 duty에 따른 세부 담당 업무를 정리해 보자.

이름	Duty	세부 업무

■ 문제 해결 연습(Role Play)

문제	해결 활동
탑승권 재확인을 거부하는 상황	
중복 좌석 발생	
일행이 떨어져 있는 경우	
도움을 필요로 하는 승객 탑승	
기내 수하물 보관이 어려운 경우	
객실 용품 탑재 오류	
특별식 요청(예약 시 주문하지 않은 상황)	
도어 클로즈 후 화장실 사용 요청 승객	
출발 지연 상황 발생 시 승객 응대	

대화문

[승객 탑승]

- 안녕하십니까? 어서 오십시오. 탑승권을 보여 주시겠습니까? 손님 좌석은 이쪽(저쪽)입니다.
- 어서 오십시오. 좌석을 안내해 드리겠습니다.
  손님 좌석은 건너편 뒤쪽입니다. 조금만 들어가시면 다른 승무원이 안내해 드릴 겁니다.

[좌석 안내]

- 제가 좌석을 안내해 드리겠습니다. 손님 좌석은 왼쪽 창가입니다. 즐거운 여행되십시오.
- 탑승권을 보여 주시겠습니까? 이쪽으로 오시겠습니까? 네, 여기가 손님 좌석입니다. 편안하게 여행하십시오.
- 손님, 실례합니다만 자리를 잘못 앉으신 것 같습니다. 좌석번호가 몇 번이십니까? 바로 이 앞좌석이십니다.
- 탑승권을 보여 주시겠습니까? 손님 좌석은 바로 뒷좌석입니다. 제가 짐을 옮겨 드릴까요?
- 손님, 아직 승객이 다 탑승하지 않으셨습니다. 탑승이 끝난 후에 빈자리가 있으면 좌석으로 옮기실 수 있도록 하겠습니다.
- 손님, 죄송합니다만 이 손님께서도 같은 자리를 받아 오셨는데 제가 탑승권을 확인해 드리겠습니다. 네, 감사합니다. 손님 좌석은 바로 한 칸 앞쪽입니다. 이쪽으로 오시겠습니까?

[이륙 준비]

- 좌석 벨트 및 등받침 체크 시
  a. 실례합니다만, 비행기가 곧 이륙하니 좌석 벨트를 매 주시겠습니까?
  b. 손님, 다소 불편하시더라도 이륙 시에는 등 받침을 세워 주시겠습니까?
  감사합니다.
  c. 손님과 아기의 안전을 위해 아기는 벨트 밖으로 안아 주시겠습니까?

[비상구나 통로 주위에 짐이 있는 경우]

a. 실례합니다. 혹시 손님의 짐이 맞습니까? 이곳은 비상시에 탈출구로 사용되는 출구이므로 탈출에 방해가 되는 물건을 놓지 못하도록 되어 있습니다. 짐을 다른 곳에 보관해 드려도 괜찮으시겠습니까?

[Take Off 시 화장실 이용 승객]

a. 손님, 곧 이륙할 예정이니 손님 좌석으로 가셔서 좌석 벨트를 매 주시고 화장실은 이륙 후 좌석 벨트 표시등이 꺼진 후에 사용하시기 바랍니다.
b. 손님, 곧 비행기가 이륙합니다. 화장실은 이륙 후에 이용하시겠습니까? 비행기가 완전히 안정된 고도에 이르면 그때 이용해 주십시오.

■ 한국어 방송문

※ 탑승편 안내(방송 DUTY)

손님 여러분,
(　　　　　　)까지 가는 (　　　　)항공 (　　　　)편 잠시 후에 출발하겠습니다.
갖고 계신 짐은 앞 좌석 아래나 선반 속에 보관해 주시고 지정된 자리에 앉아 좌석 벨트를 매 주시기 바랍니다.

※ DOOR CLOSE(사무장)

손님 여러분,
(　　　　　　　)가는 (　　　　) 항공 출입문 닫고 출발하겠습니다.

※ WELCOME(방송 DUTY)

손님 여러분, 안녕하십니까?
여러분의 탑승을 진심으로 환영합니다.
이 비행기는 (　　　　　)까지 가는 (　　　　　　) 항공 (　　　　　)편입니다.
목적지인 (　　　　　　) 까지 예정된 비행 시간은 이륙 후 (　　)시간 (　　)분입니다.
오늘 ○○○ 기장을 비롯한 저의 승무원들은 여러분을 정성껏 모시겠습니다.
(　　　　)까지 즐거운 시간되십시오.
감사합니다.

※ Safety Demonstration(방송 DUTY)

교재 참고

※ 이륙 방송(사무장)

손님 여러분,
곧 이륙하겠습니다. 좌석 벨트의 착용상태를 다시 한번 확인해 주시기 바랍니다.

부 록

1. 비행 준비~이륙 전 업무 절차

- 출근
- Show-up
- 용모복장 점검, 공지사항 확인 및 브리핑 준비
- 객실브리핑
- 합동(운항) 브리핑
- 공항청사 이동
- CIQ
- 항공기 탑승
- 승무원 짐 정리
- 비상 장비 및 보안 장비 점검
- 항공기 보안 점검
- 객실 청소 상태 점검
- 기내 시스템 및 설비 점검
- 갤리 설비 점검
- 승객 좌석 설비 점검 및 서비스 용품 탑재 점검
- 운항 관련 서류 확인
- 지상 서비스 준비 및 승객 탑승 준비
- 승객 탑승 및 인사
- 좌석 안내 및 휴대수하물보관 안내
- 비상구열 브리핑
- Ship Pouch 인수
- Door Close
- Safety Check
- Welcome 방송
- 승객 브리핑
- 이륙 전 준비
- 승무원 착석 – 30 Second Review

2. 주요 국가 C.I.Q

■ 대한민국(KOREA)

입출국	• 외국인(방문객)만 작성(한국인 작성 불필요) • STPC(Stopover passenger of connection) Hotel service, 승객이 T.W.O.V 규정에 의거 입국가능
세관	• 전승객 작성(승무원 포함) • 여행객: 해외 물품 구입 가격의 합계가 총 $600 이상일 경우 신고해야 함 • 항공기 승무원: 물품의 총 구입 가격이 총 $100 이상이면 신고해야 함 • 면세 허용량: 주류 1리터($400) 이하/담배 1보루/향수 2oz
검역	• 검역 신고서 작성이 필요한 국가로부터 입국하는 경우 모든 승객 및 승무원 작성(베트남, 캄보디아, 인도, 아프리카 등)
기타	미화 $10,000 이상 반입/반출하는 경우 신고

■ 미국(The United States America)

입출국	• I-94: 미국여권, 영주권, 이민비자, 캐나다 시민권자를 제외한 전 승객 • I-94W: 비자가 면제된 국가(일본, 싱가포르, EU연합국가 17개국)
세관	• 전 승객 작성(가족당 한 매만 작성) • 동식물, 식품 등을 소지 시 세관신고서 뒷면에 내용 기입 • US$ 10,000 이상 소지자(4790 FORM에 기입) 초과 분 US$ 1,000 이상은 모든 이가 10% 관세
검역	해당사항 없음
기타	담배, 주류는 21세 이상, 초과금액의 약 10% TAX 부과

■ 일본(JAPAN) 

<table>
<tr><td>입출국</td><td>입국 기록(Disembarkation Card / Embarkation Card)
No Visa(관광목적, 상용목적으로 90일간 체재 가능)
입/출국 신고서(뒷면의 질문표 체크요)
• 외국어 양식과 일본어 양식이 있음(한국인은 한국어용지 사용가능)
• 신고서는 한번 작성으로 입 · 출국 시 동시에 사용가능
• T/S 승객, 일본 여권 소지자를 제외한 모든 승객이 작성
• 내국인(일본인): 입출국 카드 없음
• 검은색 볼펜 사용, 입국목적은 VISA가 있는 경우 VISA 목적과 동일하게 기입
• 외국인용(재입국): 재입국 입국기록/재입국 출국기록으로 나뉘어져있으며, 양식은 기내에서 서비스하지 않고 공항 법무부 심사대 양식함에 비치되어 있음
더불어, 일본에 재입국허가를 득한(외국인등록증 소지자)
외국인의 경우: 입국 시 추후 출국 시 사용할 BLANK FORM을 여권사이에 끼워주고 있음</td></tr>
<tr><td>세관</td><td>전 승객 작성</td></tr>
<tr><td>검역</td><td>동남아시아를 경유해서 입국하는 승객에 한해서 작성 제</td></tr>
<tr><td>기타</td><td>Item의 개수가 상업적인 개수일 때는 총 합계가 면세금액이어도 과세 적용</td></tr>
</table>

■ 중국(CHINA)

입출국	• 입/출국 시 승객 1인당 1매 작성 – 외국인: 입/출국 신고서 작성–영어로 작성 – 중국인: 입/출국 신고서 작성 불필요(화교포함 중국여권 소지자) • 입국 신고서는 여권 내의 영문이름과 여권번호가 일치해야 함. • TOUR GROUP은 입국서류 대신 GROUP VISA에 GROUP LIST첨부
세관	세관 신고 물품이 있는 승객만 작성
검역	작성 불필요 (애완동물 반입시 접종확인서 필요)
기타	**〈외환 규정〉** • **휴대반입시** 20,000위안 이하 반입 가능. 20,000위안 이상 초과분은 반입 불가능. 초과분은 세관에 신고하면 증명서를 발급하며, 세관에서 보관 후 출국 시 반환 받음. 미화 5,000달러 이하는 신고 불필요/미화 5,000 이상은 신고 후 반입 • **휴대반출시** 미화 5,000달러, 20,000위안 이상은 반출불가 해당 금액 이상의 초과약을 반출하기 위해서는 중국은행의 반출 증명서가 필요함. • 휴대 금액의 5%~30% 해당하는 벌금 부과 가능

3. 항공기 기본 용어

1) ALPHABET READING

A: ALPHA	B: BRAVO	C: CHALIE
D: DELTA	E: ECHO	F: FOXTROT
G: GOLF	H: HOTEL	I: INDIA
J: JULIET	K: KILO	L: LIMA
M: MIKE	N: NOVEMBER	O: OSCAR
P: PAPA	Q: QUEBEC	R: ROMEO
S: SIERRA	T: TANGO	U: UNIFORM
V: VICTOR	W: WHISKEY	X: X-RAY
Y: YANKEE	Z: ZULU	

2) BAGGAGE

항공사와의 계약에 의해 항공기에 탑재되는 여객 및 승무원의 물품

- CHECKED BAGGAGE: 위탁수하물
- CARRY ON BAGGAGE: 휴대수하물, 기내반입 수하물

3) FOC(Free Of Charge) TICKET

무료로 제공받은 TICKET으로 SUBLO와 NO SUBLO로 구분된다.

- SUBLO(Subject To Load): 사전에 예약이 인정되지 않고 좌석이 있을 때만 탑승할 수 있다.
- NO SUBLO(No Subject To Load): 사전에 예약이 가능하다.

4) PNR(Passenger Name Record)

• 예약의 기록
• 승객의 이름, 여정별 모든 예약상태, 전화번호 등 해당 승객에 대한 제반 예약 상황 및 SVC 사항에 관한 기록

5) GO-SHOW, NO-SHOW

• GO SHOW: 예약을 하지 못한 승객이 남는 좌석이 생기면 탑승하려고 공항에 나와서 기다리거나(STAND-BY) 아예 예약을 하지 않고 공항에 나오는 행위를 의미한다.
• NO SHOW: 예약 후 좌석을 확보한 상태에서 예약 편에 탑승하지 않는 행위

6) OVER-BOOKING

판매 가능한 좌석 수 이상으로 예약이 접수된 상태를 의미하며 NO SHOW승객의 발생에 대비하여 시행하는 절차로 노선의 특이성을 고려하여 OVER BOOKING 정도를 결정한다.

7) 항공기의 자격변경

국내선 또는 국제선 운항을 마치고 노선을 변경(국내선 → 국제선, 국제선 → 국내선)하는 항공기는 반드시 자격변경을 해야 하는데 항공사 운항관리실에서 준비하여 공항에 상주해 있는 세관에 통보하여야 한다.

8) UP-GRADE

국제선에서 하급 CLASS의 요금지불로 상급 CLASS에 탑승되어지는 것을 의미하며 COUNTER(공항서비스)에서 결정하고 객실 승무원은 권한이 없다.

9) R/I(Restricted Item)

승객의 휴대수하물 중 보안상 문제가 될 수 있는 ITEM을 의미하며, 기내반입이 허락되지 않는다.

예) 골프우산, 골프채, 칼, 가위, 송곳, 톱, 건전지, 공구 등

10) SHIP POUCH

R/I, 부서 간 전달서류 등을 넣는 BAG으로 출발 전 객실 사무장이 공항서비스 직원에게 인수받아 목적지 공항에 인계한다.

11) 귀중품 인수인계서

POUCH 안에 귀중품이 있을 경우 인수, 인계 시 SIGN을 주고받는 서류이다.

12) SEAT-CONFIGURATION

기종별 항공기에 장착되어 있는 좌석의 배열을 의미한다.

13) TWOV(Transit Without Visa)

승객이 제3국으로 여행하기 위하여(항공기를 바꿔 탈 목적) 일정 조건하에 VISA 없이 입국하는 것을 말하고 각국마다 그 기간의 차이가 있다.

4. 기타 항공 약어

1) ETD/ETA, ATD/ATA, STD/STA

- ETD/ETA: ESTIMATED TIME OF DEPARTURE/ARRIVAL: 도착/출발 예정시간
- ATD/ATA: ACTUAL TIME OF DEPARTURE/ARRIVAL: 도착/출발 실제 시간
- STD/STA: SCHEDULE TIME OF DEPARTURE/ARRIVAL: 도착/출발 시간표 시간

2) C.I.Q.: CUSTOMS(세관), IMMIGRATION(출입국), QUARANTINE(검역)의 첫 문자로 정부기관에 의한 절차를 의미한다.

3) BOARDING PASS: 탑승권

4) BLOCK TIME

항공기가 움직이기 시작해 다음 목적지까지 착륙하여 정지할 때까지의 시간

5) G/D

항공기 출항허가를 받기 의해 관계기관에 제출하는 서류의 하나로 항공 편의 일반적 사항, 승무원의 명단과 비행상의 특이사항 등이 기재되어 있다.

6) FERRY FLIGHT

유상 탑재물을 탑재치 않고 실시하는 비행을 말하며 항공기 도입, 정비, 전세운항 등이 이에 속한다. 정비를 목적으로 한 모기지로 비행이나 왕복 중 어느 한쪽만의 전세 비행의 경우 등이 이에 해당된다.

7) STOP-OVER(중간 기착)

장거리 노선의 경우 비행기의 급유와 승무원 교대, 기체 점검으로 약 1시간 가량 중간기착지에 머무른다. (국내선-4시간/국제선-24시간 이상) 보통 공항에서 체류하는 시간을 기준으로 24 시간 이내는 TRANSIT이고 그 이상이면 STOP-OVER로 분류 되며 STOP-OVER의 경우 공항이 있는 도시에서 시내관광을 할 수 있는 장점이 있다.

8) OPEN TICKET

보통 돌아오는 날짜를 구체적으로 정하지 않고 예약한 항공권을 오픈 티켓(OPEN TICKET)이라 한다. 6개월이나 1년 등 장기 해외 여행일 경우 돌아오는 정확한 날짜를 지정하기 힘들고 변경하기 힘들기 때문에 돌아오는 날짜를 임의로 지정해서 우선 예약하여 탑승할 수 있다.

9) CODESHARE

항공사 간에 특정 구간의 좌석을 일정 부분 공동으로 사용하는 방법으로 각 항공사가 자사를 직접 투입하지 않고도 운항하는 것과 같은 운영을 할 수 있다.

10) TRANSFER

도착지 이전에 중간 기착지에서 다른 비행기로 갈아타는 것을 의미하여 갈아탈 수 있는 표를 TRANSFER TICKET이라 한다. 이때 갈아타면서 기내에 두고 온 물건이 없도록 주의하며 수하물이 없어지는 경우가 있으니 반드시 짐 꼬리표를 확인해야 한다.

11) AUTH(AUTHORIZATION)

항공사에서 항공권에 대해 할인이 주어질 경우 할인이 주어진 내역과 성격을 코드화 한 것, 이것이 주어져야만 그 항공권은 어떤 할인을 받았는지 구별할 수 있다.

12) DBC(DENIED BOARDING COMPENSATION)

해당 항공 편 초과예약이나 항공사 귀책 사유로 인해 탑승 거절된 승객에 대한 배상제도

13) DEPO(DEPOSIT)

연말연시, 바캉스, 허니문 시즌에 무리한 좌석 확보 경쟁으로 인한 실수요자의 피해 방지와 예약부도율의 최소화를 위해 해당기간 그룹좌석 예약석당 체결하는 일정금액의 담보금

14) FBA(FREE BAGGAGE ALLOWANCE): 무료 수하물 허용량

15) L/F(LOAD FACTOR)

이용률. 항공운송에 있어서 각 비행구간의 공급량에 대한 수송량의 점유율, 복수 FLIGHT의 경우 전체 L/F는 각 구간 거리를 가중치로 사용하여 구함

16) NRC(NO RECORD)

승객이 예약이 확약된 티켓을 제시하였으나 항공사 측에서 예약을 받은 기록이나 확약된 예약기록이 없는 상태

17) STPC(STOP-OVER ON COMPANY'S ACCOUNT)

승객의 여정상 타 항공편으로 갈아타기 위해 승객이 도중 체류하는 지상대기 시간 동안 승객의 필요한 사항을 항공사가 부담하여 제공하는 서비스를 말한다.

18) UM(UNACCOMPANIED MINOR)

비동반 소아. 만 5세 이상~만 12세 이하(국내선의 경우), 만 5세 이상~만 11세 이하(국제선의 경우)인 유아나 소아가 성인의 동반 없이 혼자 여행하는 승객을 말함

5. 항공 약어(SITA에서 제정)

- ABT: ABOUT
- ABV: ABOVE
- ATD: ACTUAL TIME OF ARRIVAL
- APO: AIRPORT OFFICE
- ARR: ARRIVE
- AGT: AGENT
- ATB: AUTOMATED TICKET & BOARDING PASS
- A/C: AIRCRAFT
- BAL: BALANCE
- BSCT: BASSINET
- BAG: BAGGAGE
- CTL: CONTROL
- CTC: CONTACT
- CUST: CUSTOMS
- CHK: CHECK
- CNL: CANCEL
- DBC: DENIED BOARDING COMPENSATION
- DOM: DOMESTIC
- DGR: DANGEROUS GOOD REGULATIONS
- DLA: DELAY
- DEPO: DEPOSIT
- DISC: DISCOUNT
- DOC: DOCUMENTS
- DIV: DIVERT
- ETD: ESTIMATED TIME OF
- HVY: HEAVY
- INF: INFANT
- INFO: INFORM
- L/F: LOAD FACTOR
- L/B: LEFT BEHIND
- MCO: MICELLANEOUS CHARGE ORDER
- MSG: MESSEGE
- NR: NUMBER
- NIL: NONE
- NRC: NO RECORD
- PNR: PASSENGERNAME RECORD
- PTA: PREPAID TICKET ADVICE
- PAX: PASSENGER
- RCFM: RECONFIRM
- STN: STATION
- SPCL: SPECIAL
- SVC: SERVICE
- SKD: SCHEDULE
- STPC: STOP-OVER ON COMPANY'S ACCOUNT
- STVR: STOPOVER
- TWOV: TRANSIT WITHOUT VISA
- UM: UNACCOMPANIED MINOR
- U/G: UP-GRADE
- W/B: WEIGHT AND BALANCE
- YR: YOUR
- GSA: GENERAL SALES AGENT

참고문헌

국토교통부 항공운항과(2019). 객실승무원 훈련지침.

대한항공 객실훈련원. Food & Beverage.

박혜정(2014). 항공객실업무. 경기: 백산출판사.

박혜정(2020). PBL을 통한 객실업무 종합실습 워크북. 경기: 백산출판사.

유문주, 김승미(2021). 비행 전 객실 서비스. 서울: 센게이지러닝코리아.

아시아나 항공 직무 훈련 교재.

아시아나 항공 객실업무교범.

대한항공 홈페이지. http://kr.koreanair.com

아시아나항공 홈페이지. http://flyasiana.com

NCS 국가직무능력표준 홈페이지. http://www.ncs.go.kr

찾아보기

저 / 자 / 소 / 개

▪ 홍윤희

경기대학교 서비스경영대학원 경영학 박사
전) 아시아나 항공 캐빈매니저
전) 이스타항공 객실 승무 팀장
현) 수원과학대학교 항공관광과 교수

비행 준비부터 이륙 전 업무
객실업무 기본실습

1판 1쇄 인쇄 — 2021년 9월 2일
1판 1쇄 발행 — 2021년 9월 6일

저 자 - 홍윤희
발 행 인 - 강철원
발 행 처 - 양성원
주 소 - 경기도 파주시 검산로 173번길 29-20
전 화 - 031-946-3861(代)
팩 스 - 031-946-3864
이 메 일 - tnwpub@naver.com
홈페이지 - tnwpub.co.kr
출판등록 - 2015년 8월 31일 제 2015-000211 호

ISBN 979-11-6126-403-5

정가 18,000원